KB103132

사업계획서 없이 창업하지마라

지은이 김명수

발 행 2023년 8월13일
펴낸이 한건희
펴낸곳 주식회사 부크크
출판사등록 2014.07.15.(제2014-16호)
주 소 서울특별시 금천구 가산디지털1로 119 SK트윈타워 A동 305호
전 화 1670-8316
이메일 info@bookk.co.kr

ISBN 979-11-410-3860-1

www.bookk.co.kr

사업계획서 없이 창업하지마라

저자소개

김 명수 (金明水)

제주대학교 경영대학원 석사(재무관리 전공)
현) 주)지음경영법인 경영지도사
중소벤처기업부 비즈니스지원단 상담위원
제주장애인기업종합지원센터 전문위원
제주테크노파크 기술닥터
제주상공회의소 기술닥터
제주신용보증재단 컨설턴트
제주지식재산센터 감사
전)중소기업은행 제주지점장으로 퇴직
(1980.7~2011.7 31년간 근무)
전)서민금융진흥원 금융강사
전)제주창조경제혁신센타 창업상담위원

목차

6) 탄력적이어야 한다.
7) 설득력이 있어야 한다.
8) 보는 사람들 입장에서 생각하고 작성해야 한다.
9) 지원사업신청 발표용 PPT를 작성방법

4. 사업계획서의 구성
1) 핵심요약
2) 회사(창업자) 소개
3) 목표시장 분석
4) SWOT분석
5) 경쟁자 분석
6) 마케팅 계획
7) 자금조달 및 차입금상환계획
8) 추정재무제표 수립

5. 사업계획서 예시
1) 일반 창업사업계획서
2) 지원사업 사업계획서

6. 정책적인 지원사업 활용방법
1) 창업 지원금
2) 청년창업자금대출
3) 청년창업 중소기업소득공제 제도 활용

4) 창업사관학교
5) 창업자는 투자금을 어떻게 받는 것이 유리할까?
6) 창업시 스타트업이 활용가능한 사이트
7) 심사위원은 어떤 생각으로 나의 사업계획서를 평가할까?

글을 마치며..

첨부: 중소기업 창업 지원법 시행령 발췌

시작하는 글

정말로 꿈을 이루고 싶다면 꿈만 꾸지 말고 적극적으로 행동하라. 그리고 기회가 올 수 있는 가장 가까운 곳으로 자신을 몰고 가라.

그것만이 성공의 자리로 더 가까이 갈 수 있는 길이다. 창업은 가치를 창조하는 일이며 좋은 미래는 저절로 오지 않는다. 성공창업을 위해서는 치밀한 마스터플랜을 짜고, 자신이 원하는 분야의 전문지식을 습득하고 적극적인 행동이 필요하다.

집짓기의 시작이 설계도면을 그리는 일이라면 사업계획서는 창업을 위한 치밀한 마스터플랜을 작성하는 일이라고 생각한다.

필자는 1980년 7월에 중소기업은행에 입사하여 제주지점 행원을 시작으로 31년 동안 호남지역본부 대출심사역, 부천 원종동 지점장, 서귀포 지점장, 광주 상무 지점장을 거처서 제주지점장을 마지막으로 역임하고 나서 2011년 7월 말에 퇴직하고 지금은 주)지음경영법인 경영지도사로 광주, 전남 지방중소벤처기업청 비즈니스지원단 상담위원과 제주장애인기업종합지원센터 전문위원, 제주테크노파크 기술닥터, 제주창조경제혁신센터 상담위원, 제주신용보증재단 컨설턴트 등으로 창업예정자들의 창업상담과 중소기업과 소상공인들의 금융과 경영애로사항을 상담하고 있다.

현장에서 창업상담을 하다 보면, 최근에는 코로나19사태에도 불구하고 지난해에 비하여 창업상담을 하는 청년 창업자가 점차적으로 늘어나는 추세라고 생각이 되는데 문제는 대부분의 예비창업자들이 사업계획서도 없이 창업을 준비하고 있다는 점이다.

또한 사업계획서의 필요성을 이야기하고 작성할 것을 권유해도 전문가의 도움 없이는 자신이 필요로 하는 사업계획서를 작성하기가 쉽지 않고 전문가의 도움을 받을 경우에는 상당한 비용이 소요되는 것이 현실이다.

또한 최근에는 코로나19 사태로 중소기업과 소상공인들이 어려움을 겪고 있고 따라서 예비창업자들도 창업결정에 혼란이 오고 있다고 생각하여, 필자는 이번 기회에 사업계획서 작성에 대한 내용을 정리해서 전문가의 도움 없이도 기본적인 사업계획서를 작성하는데 도움이 되고 또한 창업예정자가 작성한 사업계획서를 평가하는 심사위원들은 내가 제출한 사업계획서를 어떻게 보고 평가하는지 등에 도움이 되고자 본고를 시작하게 되었다.

이 책은 창업예정자들이 사업계획서를 작성하는데 도움을 주기 위한 지침서이다. 경우에 따라서는 이미 알고 있는 내용도 있겠지만 지금까지 현장에서 창업컨설팅을 하면서 경험한 내용을 중심으로 창업예정자가 창업에 도움이 되는 내용을 중심으로 서술하였다.

이 책은 왜 창업하는가? 사업계획서의 필요성, 사업계획서 작성 방법, 사업계획서 구성, 사업계획서 예시, 정책적인 지원 사업 활용 방법 순서로 구성되어 있다. 책을 쓰면서 예비창업자들에게 부담을 덜어 드리기 위해서 불필요한 부분은 최대한 생략하고 문제해결에 도움이 되는 홈페이지를 안내하였다.
최근 코로나19 사태에서 경험한 것처럼 창업환경은 수시로 변화하고 있다. 따라서 창업환경의 변화에 능동적으로 대처하기 위해서 이 책과 더불어 첨부한 홈페이지를 적극 활용할 것을 권유하며 이 책을 통하여 창업예정자들이 사업계획서의 필요성을 깊이 인식하고 사업계획서를 잘 작성하고 활용하여 창업리스크를 줄이며 정책적지원도 받아서 성공창업을 통하여 행복한 미래를 설계할 수 있기를 기대한다.

1. 왜 창업하는가?

1) 창업의 매력

창업이라고 하면 많은 사람들이 어렵고 힘이 든다고 생각한다. 또한 최근 통계자료에 의하면 창업 5년이후 생존율이 29%라고 한다. 그런데 왜 많은 사람들이 힘들고 어려운 창업에 도전할까? 필자는 창업의 매력 때문이라고 생각한다. 창업에는 세가지의 매력이 있다.

첫째는 경제적 자유이다.
우수한 비즈니스 시스템을 갖고 있어서 안정적인 수입이 있다. 비록 창업초기에는 어려움이 있지만 이를 극복하고 안정적인 궤도에 오르면 수익창출을 통해서 경제적으로 자유로운 생활을 즐길 수 있다.

둘째는 행동의 자유이다.
유능한 직원들과 함께 좋아하는 일을 즐기며 할 수 있다. 직장인들은 직장에 소속되어서 안정감을 느낄 수 있지만 행동의 자유가 제한된다. 그러나 기업가는 자신이 하고 싶은 일에 집중하고 직원을 활용할 수 있으며 행동의 자유를 누릴 수 있다.

셋째는 대인관계로부터의 자유로울 수 있다.
교류하는 사람들로부터 인정받아 서로 존중하고 존중받

는 관계를 형성할 수 있다.
직장인들은 조직의 일원으로 직장 상사 등에게서 자유로울 수 없으나 기업인은 정년퇴직이 없고 자기개발과 경험 축적, 기업 성장을 통하여 대인관계로부터 자유를 누릴 수 있다.

창업은 가치를 창조하는 일이며 창업은 현실을 바꿔주는 강력한 수단이다. 또한 세 가지 자유를 동시에 얻을 가능성이 있는 수단은 흔치 않다. 또 그것들을 얻는 과정 자체가 도전이라서, 자신의 한계에 도전하고 싶은 사람에게는 가치가 있는 대상이다.

창업의 결정적인 매력은 사회에 도움을 주는 일을 하면서 성공할 수 있다는 것이다. 사업은 사회에 공헌하면서 자신도 성장하는 최고의 삶의 방식이다. 따라서 창업하여 기업을 경영하는 것은 최고의 인생을 만드는 수단 가운데 하나이다.

제주 창조경제혁신센터에서 창업상담을 하면서 요즘 창업을 준비하고 있는 예비창업자들을 보면, 창업을 하고 싶다는 마음은 간절한데 어디서부터 시작해야 하는가를 잘 모르는 것 같다는 생각을 자주 하게 된다. 즉 자신이 보유한 아이디어를 가지고 빨리 창업해서 돈을 벌고는 싶은데 계획을 세우고, 내가 가지고 있는 사업 아이템으로 돈을 벌수 있는지 검토하고, 실제 행동으로 실천하는 방법에 대하여는 부족함이 너무 많다는 생각을 하는데 구체적으로 실천하는 방법은 창업과 관련하여 열심히 발품을 파는 일이다.

첫째는 네이버 다음 등과 같은 포털사이트에서 창업 관련 기사를 검색해 보는 것이다. 창업, 프랜차이즈, 외식, 인터넷쇼핑몰 등과 같이 자신이 관심 있는 분야나 아이템에 대한 검색어를 검색하는 것이다. 이렇게 창업 관련 기사를 자주 읽다 보면 창업의 트렌드와 창업아이템에 대한 좋은 정보를 얻을 수 있다.

둘째는 창업박람회, 창업설명회, 창업교육에 자주 참가한다. 특히 소상공인시장진흥공단과 중소 벤처기업 진흥공단에서 실시하는 창업사관학교나 온라인 창업교육을 적극 권유한다.

셋째는 포털사이트 네이버, 다음 등에서 창업카페를 검색하여 가입하고 적극적으로 활동한다. 현재 국내에서는 10만여 개의 창업카페가 운영되고 있는데, 관심 있는 창업 분야의 정보들을 제공하고 있는 창업카페에 가입하여 활동하는 것은 성공 창업을 위해서 많은 도움이 된다.

넷째는 창업전문가나 창업 컨설턴트를 직접 만나서 조언을 듣는다.

창업 준비 과정에서 애로를 겪는 문제를 구체적으로 해결해 줄 수 있는 전문가의 상담을 받아서 해결하는 것은 아주 좋은 방법이다. 온라인이나 자료 등을 통해서 얻는 정보보다 전문가를 직접 만나서 상담하면 창업자에게 구체적으로 도움이 되는 정보를 얻을 수 있다.

2) 공동창업에 대하여

최근에는 주식회사와 협동조합 등 다양한 법인 제도의 발전과 전산프로그램 등의 도움으로 인해서 협업 생산성이 높아졌고 1인 창업보다 공동창업의 성공 가능성이 높아졌다.

스타트업에는 적절하게 구성된 공동창업이 1인 창업에 비해 효율을 키울 수 있는데 공동창업은 장·단점이 아주 뚜렷한 부문이며, 창업자들에게는 매우 중요한 선택이다.

장·단점을 살펴보면 첫째, 팀워크를 발휘할 수만 있다면 공동 창업자들의 역량과 경험이 개인의 역량과 경험보다 커서 성공 가능성이 높다. 둘째, 성공을 위한 균형감이 있어서 공동창업이 유리하다.

장점은 공동창업자에게는 최저임금법이 저촉되지 않는다. 다르게 표현하면 말 그대로 공동창업자이기 때문에 창업 초기에는 거의 무보수로 일한다. 야근수당, 휴일수당, 보너스 등도 없다. 미국의 한 연구결과에 따르면 공동 창업자에게는 종업원 보다 1만 2,000달러(한화 1,400만 원)나 적게 연봉을 지급한다. 그만큼 더 일한다는 이야기다. 영세한 스타트업에게는 매우 큰 금액이다. 여기에 공동 창업자는 조직과 아이템을 더 추진력 있게 이끌고 나갈 수 있는 원동력이 되기도 한다.

단점은 지분, 현금 보상이다. 어떤 사람이 스타트업에 공동 창업자로 들어오는 것은 단순히 높은 연봉을 받겠다는 것이 아니다. 투자를 받거나 상장을 했을 때 현금 보상이나 지분을 가져가겠다는 의미다. 창업자와 회사 자체 수익을 나누겠다는 것과 같다. 투자자들도 공동 창업자들이 최저임금도 받지 못하며 일을 해도 회사를 쉽게 떠나지 않는다는 것을 알고 있다. 결국, 창업자는 사업을 하면서 공동 창업자를 영입하려면 그에 맞는 현금 보상,

주식 배분 등을 고민해야 할 것이다.

명확한 장점에도 불구하고 공동 창업을 실현하는 과정은 쉽지 않다고 생각한다. 역량과 경험, 성향 등이 서로 다른 사람들이 팀워크를 이루는 과정에서 충돌이 발생할 가능성이 높으며, 실행에 몰입하는 몰입도와 맹목적인 신뢰와 합리적인 의심이 오고 가면서 팀워크를 이루는 과정도 쉬지 않기 때문이다.

따라서 어느 것을 선택할지는 창업자 본인의 경영 철학과 스타일이 중요하다. 힘들어도 혼자서 경영하겠다 하면 공동 창업자를 들이지 않으면 되고 회사의 수익을 모두 혼자서 얻을 수 있다. 부득이 공동 창업자가 반드시 필요한 상황이면 동업 계약서를 작성해서 본인 미래 수익을 미리 배분해둬야 분쟁을 사전에 막을 수 있다.

3) 개인기업과 법인 기업의 차이점

첫째는 창업절차와 설립비용 차이이다. 개인기업은 설립절차가 비교적 쉽고 비용이 적게 들어 사업 규모나 자본이 적은 사업을 하기에 적합하며 사업자등록을 하면 설립이 가능하다. 법인 기업은 상법에 따라 법원에 설립등기를 해야 하는 등 절차가 다소 까다롭고 자본금 납입과

등록 면허세·채권 매입 비용 등의 설립비용이 발생한다.

개인기업은 대표 한 사람의 노동과 자본으로 만들어진 기업이므로 자본조달에 한계가 있어 대규모 자금이 소요되는 사업에는 무리가 있다.

그러나 사업 자금이나 사업에서 발생한 이익금을 출금하는 데 제약을 받지 않는다. 예를 들어 개인기업에서 벌어들인 이익금을 대표의 개인 부동산 투자에 사용하든 다른 사업에 투자를 하든, 생활비로 쓰든 아무 제약을 받지 않는다.

이익금을 개인적으로 사용할 수 있으므로 가지급금 등의 문제가 없으며 주주총회, 이사회 등의 절차를 고려하지 않아도 된다.

법인 기업은 주주들의 주금납입을 통해서 자금을 조달하기 때문에 거대 자본을 형성하기는 쉬우나 법인은 주주와 독립적인 경제주체이므로 회사의 자본금으로 주금납입이 된 돈과 회사 경영상 발생한 이익은 상법상의 절차를 통해서만 인출할 수 있고 이를 어겼을 때에는 공금횡령이 될 수도 있으므로 조심해야 한다.

즉, 주주총회에서 배당 결의를 한 후 배당절차를 통해서만 인출이 가능하고 그 외 주주가 법인의 돈을 가져가기 위해서는 적정한 이자를 낸 후 빌려 가야 한다. 그렇지 않으면 가지급금에 대한 인정 이자 등 세무상 불이익이 발생하며 가지급금이 쌓인다면 추후 세무상 문제가 발생한다.

개인기업은 사업상 발생하는 모든 문제, 부채, 손실에 대한 리스크를 전적으로 사업주 혼자서 책임을 져야 한다. 따라서 은행 차입금과 세금 등을 개인사업자 혼자서 해결해야 한다.

법인 기업은 주주가 출자한 금액의 한도 내에서만 책임을 지기 때문에 회사가 부도가 나도 피해를 최소화할 수 있다. 대외신인도 면에서 개인기업의 신인도는 사업자 개인의 신용과 재력에 따라 평가받으므로 법인 기업보다 현실적으로 대외 신인도가 낮다.

둘째는 자금조달 차이이다. 개인기업의 경우 창업자 한 사람의 자본과 노동력으로 만들어진 기업이기 때문에 자본의 조달 측면에서 한계가 있다. 그러나 법인 기업의 경우는 주주를 통해서 자금조달이 가능하기 때문에 일정

규모 이상의 자금조달이 가능하다. 따라서 자금조달 측면에서는 법인 기업이 유리하다.

셋째는 사업의 책임과 신뢰 측면의 차이이다. 개인기업은 경영상 발생하는 이익과 손실을 전적으로 대표 혼자서 책임져야 하지만 법인은 출자한 자본의 한도 내에서만 책임을 지는 구조이기 때문에 기업이 도산할 때에 피해를 최소화할 수 있으며 사업 양도 시에도 주식을 다른 주주에게 양도하면 된다.

신용평가에 따라 다르겠지만 일반적으로 은행거래 등 대외적인 신뢰도는 개인기업보다는 법인 기업이 높다.

넷째는 세법상 차이이다. 개인기업의 종합소득세율은 6%에서 42%까지 초과누진세율로 되어 있고, 법인 기업의 각 사업연도 소득에 대한 법인세율은 10%(과세 표준이 2억 원 초과 20%, 200억 원 초과 22%, 3,000억 원 초과 25%)로 되어있다. 그러므로 세율 측면만 본다면, 과세표준이 2,160만 원 이하인 경우는 개인기업이 유리하고 2,160만 원을 초과하는 경우에는 법인 기업이 유리하다.

개인기업의 소득에 대하여는 종합소득세가 과세되며, 사

업주 본인에 대한 급여는 비용으로 인정되지 않으며, 사업용 고정자산이나 유가증권 처분이익에 대하여는 과세를 하지 않지만 양도소득세 과세대상 자산에 해당되면 양도소득세가 과세된다.

법인 기업의 소득에 대하여는 법인세가 과세되며 법인의 대표이사는 법인과는 별개의 고용인이므로 대표이사에 대한 급여, 퇴직급여는 법인의 비용으로 처리할 수 있다. 그러나 고정자산이나 유가증권 처분이익에 대해서도 법인세가 과세된다.

처음 창업 시에 개인기업으로 할지 법인 기업으로 할지 잘 선택하여야 하며 개인기업으로 창업하였다가 추후 규모가 커지면 법인으로 전환하는 것도 고려해 볼 만하며, 개인기업과 법인 기업의 과세유형에 대해서 차이점을 알아보고 창업자의 사업이 어떠한 유형인지 확인하는 것이 중요하며, 사업자의 세금 차이에 대해 세무전문가를 통하여 유형별로 알아보고 결정해야 한다.

먼저, 사업자의 경우에는 개인사업자와 법인사업자로 구분할 수 있는데 개인사업자는 회사를 설립하는 데에 있어 별도의 절차가 필요하지 않지만 부가가치세의 납부의무가 있다. 반면에 법인사업자의 경우에는 법인이 사업의 주체로 소득이나 자산과 부채의 전부가 법인 기업의 소유이다.

이를 표로 정리하면

구 분	개인기업	법인기업
납부세금	소득세	법인세
세율	6%~42%	10%~25%
납세지	사업자 주소지	주 사업장 소재지
기장의무	복식부기	복식부기
외부감사 제도	없음	120억 이상

추가로 종합소득세 신고시, 소규모 개인사업자의 경우 장부기장의무가 면제되고 간편장부로 대체가 가능하다. 그러나 법인의 경우 세무상 복식부기의무자로 반드시 회계장부를 기장해야 하며 재무제표를 작성해야 한다.

4)기업생존의 법칙

창업은 가치를 창조하는 일이며 다른 기업과 경쟁 상태에서 활동하게 되므로 생존의 법칙이 적용된다. 한양대 윤석철 교수가 그의 저서 프린시피아 메니지먼타(principia managementa)에서 기업이 지속적으로 생존하기 위해서는 아래와 같은 생존부등식을 성립시켜야 한다고 주장한다.

기업 생존의 법칙은 가치(V) > 가격(P) > 원가(C)이다.

풀어보면 소비자가 느끼는 제품의 가치(value)가 가격(price)보다 크고, 또 가격은 생산자가 부담하는 원가(cost)보다 커야 한다는 논리다. 소비자 입장에서는 제품의 가치가 가격보다 커야 이익이 생기고 기업 입장에서는 제품의 가격이 원가보다 커야 이익이 생기므로 앞과 같은 공식이 성립하는 것이다.

생존부등식이 성립하면 공급자는 좌측 부등호가 만들어 내는 차이(V-P)인 소비자 혜택만큼의 순가치를 소비자에게 주고 우측 부등호가 만들어 내는 차이(P-C)인 생산자 혜택만큼의 순가치를 받아 공급자와 소비자 모두의 상생을 이뤄 낸다.

이런 부등식도 일시적으로는 성립하지 않을 수 있다. 예를 들면 원자재 가격이 크게 상승해 비용이 가격을 초과하면 기업이 적자를 볼 수 있고, 기업이 고가품을 만들었으나 소비자가 그만큼 가치를 느끼지 못하면 그 상품을 외면해 결국 판매가 격감하는 수도 있다. 따라서 이 생존부등식을 지켜내야 기업은 지속 가능한 성장을 할 수 있다.

생존부등식의 좌측을 잘 유지하느냐 못하느냐는 기업의 효과성에 의해 좌우되고, 생존부등식 우측의 유지 여부는 기업의 효율성에 좌우된다. 효과성을 높이려면 창조성이 뛰어나야 하고, 효율성을 높이려면 생산성이 뛰어나야 한다.

생존부등식은 기업에 채용하는 직원에게도 적용된다. 우선 기업은 좌측, $V-P>0$이 성립해야 사람을 채용한다. 지불한 임금보다 높은 업무 성과, 즉 기업에 돈을 벌어줄 수 있는 사람이어야 채용할 의사가 생긴다. 때문에 구직자는 기본 생존부등식 우측 항목을 만족시키기 위해서 자기 계발에 힘써야 한다. 또한 취업 후에도 직장에서 $P-C>0$이 성립하도록 성장기 청소년 인성교육, 학교 재학 시 전공 공부, 인성과 능력을 키우는 자기 계발에

주력해야 한다.

생존부등식을 통해 대기업과 중소기업의 동반성장 문제를 해결할 수 있다. 대기업은 납품하는 중소기업에 원가보다 높은 가격을 지불해야 하고, 중소기업은 대기업으로부터 받는 가격을 뛰어넘는 가치를 제공해야 한다. 만약 대기업이 중소기업의 납품 단가를 깎으려고만 한다면 단기적인 이익 극대화 패러다임에서 벗어나지 못하게 될 것이다. 따라서 사업계획서를 작성할 때에는 내가 창업하고자 하는 사업 아이템으로 원가에서 이익을 더한 가격보다 많은 가치를 창출할 수 있는지를 다시 한번 검토해야 한다.

2. 사업계획서의 필요성

사업계획서는 사업을 준비하는 창업자와 사업자에게 사업에 대한 구상을 체계적이면서 구체적으로 정리할 수 있는 기회를 제공하며, 사업계획서를 작성하면서 부문별 사업 내용을 반복적으로 점검할 수 있기 때문에 사업의 시행착오 예방과 사업의 성공 가능성을 높여줄 수 있는데, 사업계획서의 필요성을 정리하면 다음과 같다.

1) 창업의 시행착오 방지

사업계획서를 구성하다 보면 그동안 미처 깨닫지 못한 사업의 결점을 발견하게 된다. 흩어진 사업 내용을 보다 보면 상호 배타적인 점들도 찾게 되고, 좀 더 준비해야 할 일들도 알게 된다. 또한 전체적인 사업 계획의 모습이 드러나면서 계획 사업의 전반적인 강점과 약점을 알게 되고 이에 대한 효과적인 대처방안을 다시 한번 강구함으로써 창업이나 계획 사업의 시행착오를 줄여준다.

2) 계획 사업의 지침

사업계획서는 사업 초기에 업무추진 계획서로 사용할 수 있다. 사업이 일단 시작되면 처리해야 할 업무가 많고 시간이 부족하여 여러 대안을 검토하고 세부적인 계획을 수립하는 일에 많은 시간을 소모할 수 없다. 워낙 일이 바쁘다 보면 눈앞의 일에만 매달리게 되고, 당초 추구하고자 한 계획 사업의 기본방향, 목적 등의 장기 계획을 잊어버릴 수 있는데, 이때 사업계획서는 사업의 기본방향을 일깨워주고 유용한 행동지침이 될 수 있다.

3) 투자를 받기 위한 도구

사업을 시작하려는 사람들이 겪는 가장 곤란한 것 중 하나가 자금 부족이다. 자금 부족을 해소하는 방법으로 투자자를 유치할 수 있다. 이때 투자자를 유치하기 위해선 단순히 말로 설명하는 것보다는 논리정연하고 설득력 있는 사업계획서를 제출하는 것이 투자자의 마음을 보다 쉽게 움직이게 할 수 있다.

금융기관으로부터 대출을 받을 때도 마찬가지로 담보만 있다고 해서 돈을 빌려주는 것은 아니다. 자금을 대출해주고 난 후에 사업이 성장하여 차입금을 상환할 수 있는 능력이 있는지, 사업자의 경영 능력은 있는지 등을 종합적으로 판단하기 위해서 사업계획서를 요구하며, 잘 만들어진 사업계획서는 투자자나 금융기관으로부터 원하는 자금을 대출받는데 큰 도움이 될 수 있다.

4) 인·허가기관 제출

신규 사업을 추진하는 경우에 겪는 또 하나의 고충은 업종에 따라 다르겠지만 관계 기관으로부터의 인·허가를 받는 일이다. 최근 정부의 기업 활동 규제완화나 행정

규제 개혁 등으로 사업가들의 경영활동을 제한하는 규제들이 많이 완화되었지만 아직도 사업인. 허가를 위해 관계 기관으로부터 허가가 득해야 하는 일들이 많다.

허가기관에서 요구하는 사업계획서는 대부분 정해진 양식이 있으나, 사업자가 미리 작성해 둔 사업계획서가 있다면 이를 근거로 하여 허가기관이 요구하는 사업계획서 작성이 용이할 것이다.

또한 사업계획서는 내부적인 사업성 검토의 기능뿐만 아니라, 외부적으로도 해당 사업과 관련된 정부 및 공공기관, 금융기관, 동업자, 출자자 등에게 제출하여 그들로부터 계획 사업의 인• 허가를 받거나, 사업에 필요한 자금을 지원받는 중요한 용도로 사용된다.

1) 내부관리용
① 경영관리 ·
② 업무 분담
③ 사업지침

2) 외부 제출용
① 사업인 허가
② 허가신청

③ 자금조달

5) 사업계획서를 활용하여 죽음의 계곡을 건너자

대부분의 창업자들이 비슷하겠지만 특히 기술 기반의 창업기업의 경우 창업 후에 첫 제품이나 서비스가 나올 때까지 많은 인력과 시간, 비용이 투입된다. 그리고 그 제품이나 서비스로 손익분기점에 도달하기까지는 예상하지 못하는 어려움이 기다리고 있는데 이를 죽음의 계곡(Death Valley)이라고 한다.

따라서 사업계획서 작성 시에는 항상 계획대로 진행되는 경우와 그렇지 못하고 어려움에 봉착했을 때를 대비해서 계획을 수립해야 한다. 특히 자금계획은 보수적으로 작성하고 일정 비율의 예비비를 준비하여 어려움에 미리 대비해야 한다.

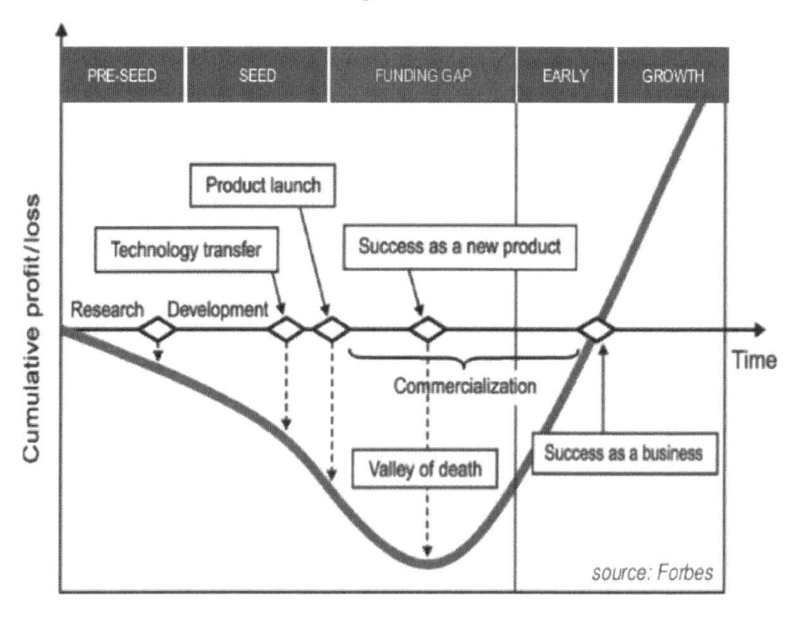
the Valley of Death
PRE-SEED
SEED
FUNDING GAP
EARLY
GROWTH
Cumulative profit/loss
Product launch
Technology transfer
Success as a new product
Research
Development
Time
Commercialization
Valley of death
Success as a business
source: Forbes

출처: 포브스

3. 사업계획서 작성방법

사업계획서란 창업, 자금조달, 신규 사업, 투자유치, 신년도 사업 계획 등 사업을 추진하기 전에 사업의 내용을 정리하고 계획을 수립하는 문서이다.

또한 사업계획서는 향후 전개하고자 하는 계획 사업에 대한 내용을 서면으로 정리하여 나타낸 문서이다. 즉, 창업을 준비하는 경우나 기존 사업과는 다른 새로운 사업을 구상하는 경우, 또는 사업의 다각화 및 사업 확장을 계획하는 경우 등 신규 사업을 추진하기 전에 계획 사업에 대한 내용을 사전에 일관성 있게 정리하는 것이라 볼 수 있다. 따라서 작성하는 사업계획서의 목적과 보는 사람에 따라서 목적에 맞게 작성되어야 한다.

1) 목적적합성을 가져야 한다

사업계획서는 주로 창업, 경영관리, 금융 지원, 사업승인 용도 등으로 작성되는데 용도에 따라 목적에 적합하도록 작성해야 한다. 예를 들어 창업 자금을 지원하는 기관에 자금을 신청하기 위해 사업계획서를 작성하는 경우 지원 기관의 사업 심사 기준이나 요구사항에 방향을 맞추어 사업계획서를 작성해야 한다.

2) 일관성을 유지해야 한다

사업계획서는 첫 장에서 마지막 장까지 그 내용이나 수치에 있어서 일관성을 유지해야 한다. 특히 생산이나 판매 계획에서 계량화되는 금액들은 추정 재무제표나 회사 수익성 분석 등에서 일관성 있게 반영되어야 한다.

3) 객관적이고 신뢰성을 가져야 한다

사업계획서는 비논리적인 추정을 피하고 확실한 근거와 함께 사실에 접근해야 한다. 외부기관에 제출하기 위한 사업계획서를 작성할 때 흔히 발생되는 오류인데, 계획 사업에 대한 주관적인 의견보다는 통계적이고 객관적인 자료를 근거로 하여 합리적인 내용으로 작성되어야 한다.

4) 충분하고 명료성이 있어야 한다

사업계획서는 각 사업 운영 부문별로 충분히 다루어 주면서 그 내용을 명료히 나타내야 한다. 사업 계획은 생산, 판매, 자금, 인력, 상품 소개, 시장 현황 등 사업과 관련된 내•외적인 요소를 골고루 포함해야 하며 내용의 중복성을 피하고 명료하면서 이해하기 쉽도록 표현해야 한다.

5) 사업의 강점을 제시해야 한다

모든 사업에는 사업자가 가지고 있는 강점이 있다. 그 강점은 계획 사업을 성공으로 이끄는 경쟁력이라 할 수 있다. 보유한 강점이 무엇이며, 어떠한 방향으로 사업 성공에 기여하는지 확실하게 제시해야 하며, 한 가지 방법으로 밑줄을 긋거나 글씨체, 글씨 색, 글씨 크기를 달리하여 눈에 띄게 할 필요가 있다.

6) 탄력적이어야 한다

사업계획서는 계획 사업에 내재되어 있는 문제점과 사업의 위험을 인식하고 이에 대한 대안을 가지고 있어야 한다. 모든 사업은 기회, 강점과 함께 약점, 위험이 있다. 기회와 강점은 적극적으로 활용하고 약점과 위험을 보완하고 극복할 수 있는 전략 수립이 필요하다.

7) 설득력이 있어야 한다

외부에 제출하기 위해서 작성하는 사업계획서는 더욱 중요하며, 이해관계자인 자본 투자자, 사업 승인자 등에게 신뢰감을 주고 동조를 얻을 수 있는 힘을 가지고 있어야 한다. 사업승인권자에게는 계획 사업이 미치는 긍정적인 파급효과의 제시, 자본 투자가에는 투하자본의 충분한 보상을 보장하는 제안은 설득력을 가질 것이다.

8) 보는 사람들 입장에서 생각하고 작성해야 한다

투자자들은
1) 제품 또는 서비스가 특정 고객의 문제를 해결하는가 그리고 그 문제는 무엇인가. 고객 중 누가 그 문제를 갖고 있는지 알고자 한다. 즉 잠재적 타깃 고객이 누구인

가이다.

2) 투자자의 관심은 경영자이다. 한 회사에 투자를 결정하는 것은 그 사람에게 투자를 하는 것이다. 경영자가 회사를 운영하고 계획을 실행할 수 있다는 믿음이 있어야 한다.

3) 비교적 명확한 비전이 있어서 4~5년 안에 투자금을 회수할 수 있어야 한다.

은행의 대출심사역은
1) 전체적으로 보수적이며 통일을 중요시한다. 즉 모든 항목이 적합해야 하고 일리가 있어야 한다.

2) 어떻게 시장 기회를 이용할 것인지 보여주어야 한다. 따라서 손익분기점 매출, 예상 매출액 달성 가능성에 유의한다.

3) 채권자의 입장에서 자기자금 조달 능력과 조달 가능성에 집중해서 본다는 사실에 유의하며 자기자금 비율이 50% 이상이면 양호한 수준이다.

9) 지원 사업 신청 발표용 PPT를 작성방법

1) 가독성 높게 작성하라.

보는 사람이 쉽게 이해할 수 있도록 전문용어 등 부득이 한 경우를 제외하고 쉬운 문장으로 작성한다.

2) 간결하면서 디테일하게 작성하라.

슬라이드는 결코 어려워서는 안 된다. 특히 헤드라인은 한 줄 이내로 작성한다.

3) 논리적으로 작성하라.

보고서는 논리적이어야 한다. 첫 장부터 마지막 장까지 체계적인 논리에 맞게 이야기를 풀어내야 한다.

무언가 주장하기에 앞서 스스로에게 3번 왜를 물어봐야 한다. 스스로의 Why?에 대해서도 자신 있게 대답할 수 없다면 상대방에게 어떻게 논리적 주장을 전달할 수 있겠는가?

4) 객관적이고 신뢰성 있게 작성하라.

기본적으로 출처가 확인된 데이터와 정보 및 지식에 따라 보고서가 작성되어야 한다. 또한 인용된 내용의 출처를 기재하며 필요시 각주를 달아 추가 설명한다.

예를 들어 고객은 제가 출시한 제품에 대하여 폭발적인 반응을 보일 것입니다.라는 주장에 대하여 어떤 질문을 할 수 있을까?

①) 기존 상품과 어떤 점이 다르다는 거지요?
②) 경쟁사의 상품과 어떠한 점이 차별화되나요?
③) 해외 시장에서 유사한 사례가 있었나요?

이러한 예상 질문에 대한 대답을 미리 준비하고 문장을 전개하는 것이 필요하다. 당사가 이번에 출시하고자 하는 제품은 과거에 문제로 지적되어온 소음 문제를 50% 이상 획기적으로 경감시켰고, 경쟁사 대비 30% 이상 성능이 개선되었으며, 더 나아가 동 상품이 선 출시된 미국 시장에서 전년 대비 50% 매출 신장된 것을 고려했을 때 한국에서도 폭발적인 소비자 반응이 예측됩니다. 등.

4. 사업계획서의 구성

사업계획서의 내용은 항목이나 양식이 따로 정해진 것은 아니며, 사업의 형태나 종류에 따라 달라진다. 따라서 사업계획서 작성 시, 사업의 목적과 기본방향을 염두에 두고 사업계획서 안에 담아야 할 내용을 체계적으로 작성해 나가면 된다. 다만, 일반적인 구성항목으로는 계획사업의 개요(핵심요약), 회사현황, 생산제품의 소개, SWOT 분석, 시장현황 및 전망, 부문별 사업추진계획, 시설투자계획, 조직 및 인원계획, 원자재 조달계획, 제품생산계획, 마케팅 전략 및 방법, 소요자금 및 조달계획, 차입금의 상환계획, 사업추진 일정계획, 추정 재무제표의 수립 등이 있다.

아래의 항목을 토대로 필요한 항목과 일정한 형식을 정한 후, 올바른 작성순서와 방법에 의해 작성을 해 나가면 보다 짧은 시간 내에 양질의 사업계획서를 만들 수 있을 것으로 생각한다.
일반적인 사업계획서의 구성내용은 아래와 같으며 창업자가 작성하는 목적에 따라 필요한 부분을 선택해서 작성하면 된다.

1) 핵심요약

① 사업의 배경과 필요성
② 사업의 목적
③ 사업 기대효과
④ 사업의 기본내용 : 사업계획내용을 한 장으로 소개

2) 회사현황

① 회사개요: 상호, 소재지, 연락처, 자본금, 특기사항 등
② 대표자 및 경영진, 기술진 인적사항
③ 주주현황
④ 금융거래 현황
⑤ 회사연혁 (창업인 경우 사업추진경과)
⑥ 조직/인원현황

3) 생산제품의 소개

① 제품개요 :제품명, 간단한 제품소개
② 제품규격 및 사양
③ 제품의 용도 및 특성
④ 제품가격
⑤ 제품사진 또는 구성도

4) SWOT분석

①기회 및 위협요인의 파악
② 자사의 강점과 약점 파악
③SWOT분석을 이용한 전략의 수립

5) 시장현황 및 전망

① 시장의 규모와 전망
② 동종업계 현황
③ 시장점유율과 경쟁관계
④ 시장창출 가능성

6) 부문별 사업추진계획

① 사업의 방향 및 전개방안
② 공장입지 및 건설계획
③ 시설투자계획 :투자규모, 시설배치도 등
④ 조직/인원계획: 부서별, 직급별 인원, 급여수준 포함
⑤ 원.부자재 조달계획: 제품원단위 소요자재 등
⑥ 제품 생산계획 :생산량, 생산공정 등
⑦ 판매계획: 판매전략, 유통경로, 판매가격, 판매액 등

⑧ 사업추진일정계획

7) 자금조달 및 차입금상환계획

① 추정 소요자금 산정
② 자금조달계획 :담보제공계획 포함
③ 차입금 상환계획

8) 추정재무제표 수립

① 추정대차대조표
② 추정손익계산서

9) 사업 재무성 검토

① 재무비율 분석
② 손익분기점 분석
③ 부가가치분석
④ 투자경제성 분석
⑤ 민감도 분석

*사업계획서 첨부서류

사업계획서는 향후 진행하고자 하는 사업의 예정사항을 기재하는 것으로, 미래에 발생할 것으로 추정되는 예측치를 문서화한 것이다. 미래의 예측치가 보다 객관적이면서, 적은 오차를 나타내기 위해서는 과거의 실적과 현재의 상태를 바탕으로 작성해야 한다.

사업계획서에 첨부되는 서류는 사업계획서 상에 나타내는 미래의 숫자가 얼마만큼 현실에 바탕을 두고 작성이 된 것인지를 입증하는 자료이기 때문에, 사업내용을 검토하는 모든 사람들이 매우 관심을 가지는 자료이다.

사업계획서의 내용은 향후계획이지만, 첨부하는 서류는 현실이기 때문이며, 특히 사업 인•허가나 자금조달을 위해 관련기관에 제출하는 사업계획서는 여러 지정하는 증빙자료를 첨부하도록 되어 있으며, 이외에도 해당사업의 설명이나 기업경쟁력에 도움이 되는 인증서나 시험성적서 등의 참고자료를 첨부하면 사업심사 시 좋은 평가를 받을 수 있다. 따라서 사업계획서를 작성하는 경우에는 사업계획서의 내용을 증명하고 대외적으로 자랑할 만한 참고자료를 많이 준비하여 첨부하는 것이 좋다.

1. 핵심요약

핵심요약은 사업 계획서의 가장 중요한 부분이다. 사업계획서를 읽는 사람이 무엇보다 가장 먼저 보기 때문이다. 대부분 투자자들은 사업계획서를 읽는데 많은 시간을 투자하지 않으므로 하고자 하는 사업의 내용이 무엇인지 명확하고 간결하게 핵심요약에서 나타내주어, 그들이 관심을 가지고 더 알고 싶도록 만들어야 하며, 핵심요약은 창업 예정자에게 갖게 될 첫인상과 같으므로 사업내용이 좋다는 확신이 들게 한다.

핵심요약 작성요령

핵심요약을 작성할 때 누가 내 사업계획서를 읽을 것인가?라고 스스로에게 물어보자. 사업계획서를 볼 사람을 생각하면 긍정적인 반응을 기대할 수 있는 확률이 높다. 주의할 것은 사업계획서를 읽는 사람이 몇 분 밖에 투자하지 않는다는 것이다. 읽는 사람이 누구인지 파악하고 작성한다면 요구에 맞는 사업계획서를 작성할 수 있다.

핵심요약 작성 포인트

1) 기본 사업 구상은 일리가 있는가?
2) 사업이 철저하게 준비되어 있는가?
3) 경영진은 자질이 있는가?
4) 제품 및 서비스에 대한 확실한 시장이 있는가?
5) 경쟁자에 비해 어떤 강점이 있는가?
6) 재무 예측은 사실적인가?
7) 투자자들이 수익을 창출할 수 있는가?

핵심요약을 눈에 띄게 하는 방법

1) 각 분야를 단락으로 구분하라.
2) 제목을 간결화하라.
3) 중요한 정보는 강조 표시를 사용하라.
4) 주요 내용을 명확하게 보여줄 수 있는 차트나 그래프를 사용하라.
5) 공백이나 부제목을 사용하여 페이지가 단조로워 보이지 않게 하라.

2. 회사(창업자) 소개

회사소개는 회사에 대한 기본적인 세부사항을 적는다. 핵심요약이 사업 성공에 대한 설득력 있는 이유를 제공하는데 반해 회사소개는 기본적인 사항을 제공한다. 이 정보는 지극히 평범해 보이지만 회사의 이미지를 떠올리는 데 필수적인 요소이다.

이제 막 사업을 시작하여 회사소개에 들어갈 정보가 부족하다고 하고 아직 설립된 회사가 아니라면, 향후 그렇게 할 예정이고, 어느 지역에서 할지를 나타내주면 된다.

1) 회사 소유주 및 법적 형태

소유주는 누구인가?

개인회사라면 창업 예정자의 경영능력에 대하여 기술하면 되지만 여러 사람이 공동창업하는 경우에는 소유구조 및 대주주 이름을 모두 명시한다.

또한 투자자들은 회사의 유형에 대하여 알고 싶어 하며, 대부분의 회사는 개인회사로 창업하여 나중에 법인으로 전환하는 경우가 많다.

2) 제품 및 서비스 소개

제품 및 서비스의 구체적인 형태를 명시한다. 대규모 제품 라인이 있거나 많은 서비스를 제공하는 경우라면 일일이 나열할 필요는 없다. 대신 제품이나 서비스를 포괄하는 항목으로 구분한다.

아주 중요한 정보나 기술적으로 상세한 내용을 사업계획서에 삽입하는 것은 삼가는 것이 좋으며, 이러한 정보들은 추후에 구체적으로 협의 단계에서 비밀유지 협약을 맺고 보여주도록 한다.

3) 경영구조

사업 계획서를 보는 사람들은 먼저 경영구조를 볼 가능성이 높다. 누가 회사를 운영하는지 알고자 하기 때문이다.

①창업자와 핵심 직원들이 사업을 운영할 자질을 갖추고 있는가?

②직원의 수준이 목표를 달성하기에 충분한가?

③필요 시 외부의 능력 있는 자문 위원에게 지원을 받을 수 있는가?

회사가 아주 작은 규모이고 창업자가 유일한 직원이라면 경영구조를 생략해도 된다. 이 경우 창업자의 기술 및 경험을 핵심요약 부분에서 꼭 강조해 둔다.

조직도를 통해서 직원들의 구성을 보여준다. 각 개인의 이름과 자격 사항을 제공할 필요는 없다. 대신 역할과 책임, 그리고 고용비용에 초점을 맞추어 직원 현황을 간략하게 기술한다.

3. 목표시장 분석

고객의 요구사항에 얼마나 잘 부합하는지가 사업의 성공을 좌우한다. 고객에 대해 명확하고 상세한 그림을 그린다. 나의 고객이 누구이며, 어떤 불편함을 가지고 있는지, 남성인지, 여성인지, 그리고 원하는 것이 무엇인지, 어떻게 고객의 요구에 대응하여 고객의 욕구를 충족시킬 것인지를 기술한다. 가능하면 목표시장은 통계청의 데이터 및 조사에 근거하여 주목할 만한 특성을 모아 정리한다.

확실한 목표시장은

1) 한정이 가능하다: 잠재적 고객의 일반적 특성을 정의한다

2) 의미가 있다: 이 특성은 구매 결정과 직접적으로 연관된다.

3) 규모가 있다: 잠재적 고객의 수가 사업 유지기 가능할 만큼 충분히 크다.

4) 도달이 가능하다: 적합하고 효과적으로 고객에게 마케 팅 할 수 있다.

시장조사 실시

1) 고객이 될 수 있는 기업이나 사람들과 만나서 고객이 필요로 하는 것과 요구하는 것이 무엇인지 물어본다.

2) 고객이 읽거나 듣는 매체인 신문, 잡지, 유튜브, 라디

오 및 TV 등을 관찰한다

3) 고객이 방문하는 웹사이트를 확인한다.

4) 경쟁사의 사업장을 방문하여 고객의 관심을 유도하고 고객을 위하여 무엇을 하는지 알아본다.

5) 목표 고객의 주목할 만한 특성인 성별, 나이, 수입 정도, 가족규모 등을 검토한다. 개인 소비자보다 기업을 타깃으로 한다면 그 회사가 속한 산업, 회사 규모, 그 회사의 발전 단계 등을 검토하여 고객의 구매 결정과 직접적으로 연관되는 특성을 찾는다. 또한 제품 또는 서비스를 구매하는 사람이 그것을 사용하는 사람이 아닌 경우가 종종 있다. 만약 회사를 상대로 판매를 한다면 구매부서 또는 관리자가 결정권을 갖고 있으며, 개인에게 판매를 한다면 부모나 배우자가 구매 결정권자이고 실제 사용자가 아닐 수 있다. 이런 경우에는 구매자와 최종 소비자 모두의 요구와 동기를 알아야 한다.

6) 목표 시장의 규모를 보여주는 믿을 만한 숫자는 사업계획서를 더욱 설득력 있게 만든다. 통계청이나 관련 기관 또는 협회에서 제공하는 산업과 관련하여 다양한 데이터를 적극적으로 활용한다.

4. SWOT 분석

SWOT 분석은 강점(Strength), 약점(Weakness), 기회(Opportunity), 위협(Threat)의 머리글자를 모아 만든 단어로 경영 전략을 수립하기 위한 분석 도구이다. 내적인 면을 분석하는 강점/약점 분석과, 외적 환경을 분석하는 기회/위협 분석으로 나누기도 하며 긍정적인 면을 보는 강점과 기회 그리고 그 반대로 위험을 불러오는 약점, 위협을 저울질하는 도구이다. 보통 X, Y 축으로 2차원의 사분면을 그리고 각각 하나의 사분면에 하나씩 배치하여 연관된 사항들을 우선순위로 배치한다.

분석방법

1) 자사의 기회 및 위협요인의 파악
2) 자사의 강점과 약점 파악
3) SWOT 분석을 이용한 전략의 수립
4) 중점 전략 선정 순으로 하며 구체적인 전략 수립이 중요하며, 이 분석을 통해 경영자는 자사가 처한 시장 상황을 파악할 수 있으며 앞으로의 전략을 수립하기 위한 중요한 자료로 삼을 수 있다.

예시)

강점(Strength)	약점(Weakness)
기회(Opportunity)	위협(Threat)

SO전략	(내부강점, 외부기회) 외부의 기회를 이용하기 위해 내부 강점을 사용할 수 있을 때 가장 바람직한 전략이며, 창업자의 강점과 창업환경의 기회요인을 적극적으로 활용하는 전략으로 적극적인 유지발전방안 수립 추진
WT전략	(내부약점, 외부위협) 창업자의 약점과 창업환경의 위협요소를 파악하여 부족한 부분은 보완하고 대처방안을 수립
ST전략	(내부강점, 외부위협) 내부강점요인으로 끊임없는 R&D 능력, 외부위협요인은 한계에 다다른 시장환경 등으로 내부강점과 외부위협요인을 파악하여 전략 수립
WO전략	(내부약점, 외부기회) 약점과 기회요인을 연결하여 약점을 보완할 수 있는 전략수립

5.경쟁자 분석

획기적인 신기술로 완전히 새로운 형태의 제품을 판매한다고 할지라도 경쟁은 피할 수 없다. 유사한 제품이 없을지는 모르나, 시장의 요구에 적합한 다른 무언가가 있을 수 있다. 사업 계획서에 경쟁자가 없다는 말은 사업 계획서를 읽는 사람에게 현실을 충분하게 검토해 보지 않았거나 그 사업 아이템에 대한 시장이 없다고 비춰질 수 있다. 시장이 있다고 확신한다면 반드시 경쟁자가 있게 마련이다.

경쟁자를 안다는 것은 제품을 차별화하고 고객이 우리의 제품이나 서비스를 선택하게 만드는 요소를 알아내는 것이며, 경쟁자가 아직 반영하지 못한 시장의 요구 사항에 대응하고, 성공의 발목을 잡는 장애물을 제거하고 무엇을 준비해야 하는지 알아내는 것이다.

경쟁자 분석을 위한 질문

1)주요 경쟁자는 누구인가?
2)어떤 기준 즉 가격, 편리성, 기능, 서비스 등으로 경쟁하는가?
3)객관적으로 제품이나 서비스가 경쟁자와 비교해 어떠

한가?
4)향후에 어떤 새로운 경쟁이 예상되는가?

*경쟁적 우위점
고객을 끌어들이고 사업을 유지하기 위해서는 경쟁자보다 유리한 점이 반드시 필요하다. 경쟁적 우위점이 되는 대표적인 종류는 가격, 제품기능, 편리성, 고객의 유형에 맞는 서비스 등이 있다.
경쟁자의 약점이 나의 회사의 장점이 될 수 있다는 것을 보여주는 것도 유용하다. 회사가 작고 민첩할수록 시장 요구에 더 잘 대응할 수 있는지를 보여주며 경쟁자가 구식 기술에 의존하고 있다면 고객을 더 잘 만족시킬 수 있는 최신 기술을 강조한다.

6.마케팅 계획

창업자가 만드는 제품과 서비스가 좋은 것이라고 자부하겠지만, 고객이 돈을 주고 구매하도록 확신시키며, 우리의 제품 또는 서비스에 대해 고객에게 홍보하고 판매하기 위한 계획을 보여주는 것이다. 마케팅 계획은 고객 및 판로를 확보하기 위한 전략이기 때문에 성공을 위한 핵심이므로, 잠재 고객에게 제품이나 서비스의 효과를 알리기 위한 현실적이고 효율적인 마케팅 접근 방법과 영업인력에 대하여 기술한다.

아주 치열한 시장에서 제품을 차별화하고 고객의 충성도를 높이는 한가지 방법은 사회적으로 그리고 환경적으로 책임감 있는 정책을 실행하는 것이다. 특히 최근에는 기업의 사회적 책임이 중요시되고 있으며 환경에 대한 소비자들의 관심도 늘어나고 있는 추세이다.

이러한 정책에는 직원의 공정한 대우 보장, 도덕적인 사업관행, 쓰레기 및 공해 최소화 등이 있다. 지역사회를 위해 도움이 되는 일을 하면 회사의 신뢰도를 높일 수 있으며, 모든 마케팅은 비용과 시간이 들기 때문에 무엇을 사용할 것인지 신중하게 계획을 세운다.

마케팅 도구에는 회사 홈페이지, 제품 브로슈어, 판촉물, 인터넷 광고, 다이렉트 메일, 방송 매체 광고, 유튜브 등이 있다.

7.자금조달 및 차입금상환계획

창업을 준비할 경우에 반드시 챙겨야 하는 것이 창업자금을 어떻게 조달할 것인지 구체적으로 계획을 수립하는 것이다. 주로 자기자금과 타인자금으로 조달하게 되는데 업종에 따라서 적정한 자기자금 비율이 요구되는 경우도 있으며, 타인자금으로 조달하는 경우 차입금과 이자를 적기에 상환하는 계획도 세워야 한다. 차입금상환계획은 향후에 매출을 통하여 이루어지는 이익금으로 상환하게 되는데 이때 손익분기점 매출액은 손익분기점매출액 = 고정비/(1-변동비/매출액) 으로 계산된다.

8. 추정재무제표 수립

추정재무제표는 목표시장에 대한 가정을 바탕으로 매출 예상 금액을 추정하고 이를 달성하기 위한 영업비용을 추정하여 영업이익을 계산하는 것이 일반적이다.

1) 예상매출액 추정: 창업이후에 3년간 달성 가능한 매출액을 추정한다
(목표매출액=목표판매량*판매가격)

2) 영업비용추정: 예상매출액 달성을 위한 재료비, 인건비, 일반관리비 등을 추정한다.

3) 영업이익 추정: 예상매출액에서 영업비용을 차감하여 영업이익을 계산한다.

4) 영업외 수익과 영업외 비용 추정: 외부에서 조달한 차입금에 대한 이자 비용 등을 고려하여 영업외 수익과 비용을 추정한다.

5) 당기순이익(손실) 추정: 영업이익에서 영업외 수익을 더하고 영업외 비용을 차감하여 당기순이익(손실)을 계산한다.

6) 창업 후 3차연도까지 추정하며 창업 후 1차연도에는 당기순손실이 발생할 수 있으나 일정 시점에는 당기순이익을 실현할 수 있어야 한다.

4.사업계획서 예시

1)일반 창업사업계획서

사업계획서

(사업아이템명:)

2022. 00. 00.

성 명 :

사업계획 요약서

아이템명	
적용분야	
사업개요	○ 창업동기 및 사업의 기대효과 ○ 사업내용 및 특성
보유기술	○ 보유기술의 수준 ○ 기술의 파급효과
시장분석	○ 목표시장 규모 및 전망 ○ 사업화 가능성 및 마케팅 전략
사 업 화 추진계획	○ 생산과 시설확보 계획 ○ 사업화 추진일정 ○ 사업계획 차질시 대처방안

1. 창업사업개요

1-1. 창업동기

- 창업 목적 및 배경, 사업의지, 아이템 선정 동기 등

1-2. 참여인력의 전문성

- 대표자 및 내부구성원의 전문성
- 전문가풀 구성 및 대외 협력관계 구축 현황

1-3. 사업내용 및 특성

- 창업아이템의 기술분야, 특징, 장점, 기술개발 내용 등

2. 개발기술

2-1 기술개발수준

- 개발과정과 설계상태, 시제품제작, 시험테스트 등 개발 진척상황 등

- 지적재산권 등록여부, 기술개발을 위한 외부의 지원여부 등

2-2. 기술의 파급효과

- 기술의 경제·기술적 파급효과 등

3. 시장분석

3-1. 목표시장 규모 및 전망

- 소비자분석 / 수요계층, 소득, 나이 등

- 경쟁자분석 / 시장동향, 신기술 동향

- SWOT(강점, 약점, 기회, 위협요인) 분석

3-2. 사업화 가능성 및 마케팅 전략

- 제품의 특성 및 경쟁력, 가격경쟁력, 대체기술 출현 가능성 등

- 초기시장 진입전략

- 마케팅 전략(4P-제품, 가격, 촉진, 유통정책) (STP-시장세분화, 표적시장 설정, 포지셔닝)

3-3. 제품경쟁력

- 경쟁사 대비 가격 및 품질경쟁력

3-4. 성장가능성

- 개발 제품군의 수명주기 및 지속성장전략
- 위험요소 분석 및 사업화 차질 시 대응전략

4. 시설확보 및 재무계획

4-1. 생산과 시설 확보 계획

- 조직 및 인력구성 / 기술개발, 총무, 영업, 생산인력 등
- 시설투자 / 생산시설 설비 및 설치 투자 계획 등

4-2. 재무계획

- 소요자금, 자금 조달 방법/수익전망/손익분기점 분석, 추정손익계산서 등

5. 재무계획

5-1 소요 자금(투자 자금) 계획

(단위 : 천원)

구 분	항 목	금 액	비 고
임 대	권리급		
	보증금		
시 설	컴퓨터, 기기		
인테리어	가구, 책상		
홍보마케팅	SNS, 홈페이지		
소모품	용지, 음료 등		
인건비	영업직		
합 계			

*구분과 항목은 본인사업에 맞게 변경하세요

5-2. 자금 조달 방법

(단위 : 천원)

구 분	항 목	금 액	비 고
자기 자금			
금융 차입			
정부지원자금			
기 타			
합 계			

5-3. 추정손익계산서

(단위 : 천원)

구 분	2022년도	%	2023년도	%	2024년도	%
매 출 액						
매 출 원 가(-)						
판 매 관 리 비(-)						
영 업 이 익						
영업외손익(+,-)						
경 상 이 익						
특 별 손 익(+,-)						
법 인 세 등(-)						
당 기 순 이 익						

6. 사업화 세부 추진 일정

내 용	2022 년도				2023 년도				비 고
	1/4	2/4	3/4	4/4	1/4	2/4	3/4	4/4	

1. 사업계획서는 타당성, 객관성을 갖추어 작성이 되어야 합니다. 타당성을 높이기 위한 수치적 자료인 통계자료나 데이터 등을 사용하여 작성하셔야 하고 객관적인 사실을 바탕으로 사업계획서를 작성하셔야 사업계획서의 신뢰도를 높이실 수 있습니다.

2. 간단한 페이지안에 정확한 메시지가 소구될 수 있도

록 해야 합니다.사업계획서는 다른 사람들이 읽을 수 있기 때문에 가독성이 중요합니다. 너무 전문적인 언어들을 지양하고 알아듣기 쉬운 언어를 사용하여 정확·간결하게 메시지를 전달할 수 있도록 합니다.

3. 어떤 사람이 읽느냐에 따라 사업계획서의 목적이 달라져야 합니다.예를 들면 투자자들을 대상으로 쓸 땐 어떻게 돈을 벌 것인지 초점이지만 정부 투자를 대상으로 한 사업계획서는 정부 과제의 목적이 무엇인가를 생각하는 것부터 시작해야 합니다.

4. 회사의 명확한 비전을 전달할 수 있어야 합니다.
단순히 수익만을 목표로 하는 것이 아니라 회사의 방향성을 알기 쉽게 설명하고, 그 방향성을 도달하기 위한 수단들에 대해서고 구체적으로 제시할 수 있어야 합니다.

5. 객관적인 재무제표를 작성하셔야 합니다.
너무 무리한 전략으로 인해 비현실적인 재정계획은 신뢰성을 떨어뜨립니다. 자신의 회사의 객관적인 재정상황을 파악해서 현실적으로 어떤 수익을 예상할 수 있는지 제시해야 합니다.

정성 들여 작성된 사업계획서는 사업을 시작하고 나서도 운영하면서 가장 귀한 나침반 역할을 하는 만큼 사업의 목적과 방향성, 그에 따른 수단들, 목적을 달성하기 위한 재정계획들 등이 매우 중요합니다. 머릿속에만 있는 사업 계획은 언제든지 변하고 흔들릴 수 있어서 목적과 방향성을 상실할 수 있기때문에 정확하고 구체적인 사업계획서를 작성하셔야 합니다.

사업계획서는 단번에 작성되는 것이 아니기 때문에, 처음에는 큰 틀을 잡은 뒤 천천히 세부적으로 들어가시면서 거듭 수정·보완을 하시면 사업계획서를 보다 잘 작성하실 수 있습니다.

[자료출처]
한국열린사이버대학교

2)지원사업 사업계획서

초기창업기업 사업계획서

1. 창업 개요

1.1 회사 개요

[도움말]

회사 이름	설립 회사의 이름을 기재합니다.
창업 미션	설립 회사의 존재 이유 및 가치에 대해 간략히 기재합니다.
창업 아이템명	창업하는 아이템의 이름을 기재합니다.
고객 타겟 시장	상기 창업아이템의 수요 시장, 고객군을 기재합니다.
사업자 구분	개인 사업자 / 법인 사업자 형태 중 설립 형태를 선택합니다.
설립일	사업자 등록 설립일을 달력 기능을 활용해 선택합니다.

[예 시]

회사 이름	㈜창업 경진 컨설팅
창업 미션	창업가 정신 실현
창업 아이템명	온라인 창업 교육 플랫폼
고객 타겟 시장	국내 대학 창업보육센터 / 지 자체 창조경제 혁신 센터 / 창업 준비 대학생
사업자 구분	법인 사업자
설립일	2020년 00월 00일

1.2 회사 연혁

[도움말]

년도	창업부터 지금까지 회사 주요 이슈 발생 시점을 기재합니다.
연혁	회사의 시작부터 현재까지 중요한 사항을 연도별로 기재합니다.

[예 시]

년도	2019년
연혁	2018 : Daum 검색 기능 강화 2019-NOW : Life on Daum

1.2 CEO 자질과 역량

CEO 일반 현황

[도움말]

CEO 이름	설립 회사 대표의 이름을 기재합니다.	결혼 유/무	미혼/기혼 여부를 기재합니다.
전공 분야	학업을 진행한 주전공 분야를 기재합니다.	CEO 근속 연수	CEO로서 근무한 기간을 기재합니다.
과거 창업 횟수	과거 창업한 경험 횟수를 기재합니다.	창업 준비 기간	창업하기 위해 CEO가 준비한 기간을 기재합니다.

[예 시]

CEO 이름	홍길동	결혼 유/무	미혼/기혼
전공 분야	경영학과	CEO 근속 연수	3년 7개월
과거 창업 횟수	3회	창업 준비 기간	1년 2개월

학력

[도움말]

학위	전공	학교	졸업 년/월	지도 교수	논문 제목
최근 수료 학위를 가장 상단에 기재합니다.	학업을 진행한 주전공 분야를 기재합니다.	학위를 수여한 학교의 이름을 기재합니다.	학위를 수여한 학교에서 졸업한 시기를 기재합니다.	학위 수여 과정에서 지도해 주신 대표 교수님을 기재합니다.	학위 취득 과정에서 제출한 논문의 제목을 기재합니다. 없을 시 기재하지 않아도 무방합니다.

[예 시]

학위	전공	학교	졸업 년/월	지도 교수	논문 제목
석사 졸업	경영학과	OOO 대학교 일반대학원	2012년 2월	OOO	경영학 이론에 따른 식당의 실제 경영 양상 분석

창업 관련 교육 이수 여부

[도움말]

교육명	교육 기관	교육 기간	교육 내용
실제 참여한 창업 교육 프로그램의 이름을 기재합니다.	창업 교육을 주관한 학교/공공기관/영리기관의 이름을 기재합니다.	창업 교육을 받은 기간을 기재합니다.	창업 교육을 통해 배운 내용을 간략히 기재합니다.

[예 시]

교육명	교육 기관	교육 기간	교육 내용
기업가 정신 1기 스쿨	SBA 창업허브	2017.01 ~2017.04	기업가 정신과 사회적 기업이론

창업 전 직무 유형

[도움말]

창업 전 직장	직급	담당업무	근무 기간	창업 관련 여부
창업 전 근무했던 회사 이름을 기재합니다.	해당 회사에서의 퇴사 전 최종 직급을 선택합니다.	담당하였던 업무를 기재합니다.	해당 회사에서 근무한 실제 기간을 기재합니다.	창업과 관련된 업무를 하였는지 기재합니다.

[예 시]

창업 전 직장	직급	담당업무	근무 기간	창업 관련 여부
창업전자 LED 사업부	전무	마케팅 (팀장)	2011.12 -2013.12	예/ 아니오

창업 관련 수상 실적

[도움말]

수상 연/월	수상 내용	수여 기관
창업 관련하여 수상을 받은 일자를 기재합니다.	수상 내용을 기재합니다.	상을 수여한 기관의 이름을 기재합니다.

[예 시]

수상 연/월	수상 내용	수여 기관
2017년 13월	K-스타트업 2018 여성 창업 경진대회에서 입상	중소벤처기업부

1.3 팀원 현황 및 역량

인력 구성 현황

[도움말]

성명	나이	업무	경력 및 학력 등	근속 연수
팀원 이름을 기재합니다.	팀원의 나이를 기재합니다.	해당 팀원이 맡아 진행하는 업무를 기재합니다.	해당 팀원의 경력 및 학력을 자유롭게 기재합니다.	해당 팀원의 근속 연수를 기재합니다.

[예 시]

성명	나이	업무	경력 및 학력 등	근속 연수
최OO	만 OO세	솔루션 영업	정보통신 전공 L사 영업책임	5년

성명	나이	업무	경력 및 학력 등	근속 연수
김OO	만 OO세	S/W 개발	컴퓨터공학 전공 S사 반도체 수석연구원	8년

1.4 지적자산 현황

보유 지식재산권

[도움말]

특허 구분		개수
보유하고 있는 지적재산권 출원국이 국내인지 해외인지 선택합니다.	보유한 지식재산권의 세부 종류를 기재합니다.	지식재산권의 보유 개수를 표기합니다

[예 시]

특허 구분		개수
국내	특허 출원	5개
해외	상표권 등록	1개

지적재산권 세부 현황

[도움말]

보유 지적재산권명	등록/출원번호	출원국	구분	상태
보유하고 있는 지적재산권의 전체 이름을 기재합니다.	등록/출원번호를 기재합니다.	출원국을 기재합니다.	지적재산권의 분류를 선택합니다.	출원/등록 중 해당 사항을 선택합니다.

[예 시]

보유 지적재산권명	등록/출원번호	출원국	구분	상태
맞춤형 창업 학습 제공 방법	01536667	국내	특허	출원
OPENSTART	023-5610000	미국	상표권	등록

2. 창업아이템 개요

2.1 창업아이템 소개

[도움말]

창업 아이템명	1-1. 회사개요의 창업 아이템과 연동됩니다.
제품/서비스 요약	해당 사업을 통해 사용자들에게 제공하고자 하는 제품/서비스에 대한 아이디어를 구체적으로 작성합니다.

[예 시]

창업 아이템명	온라인 창업 교육 플랫폼
제품/서비스 요약	온라인 창업 교육 플랫폼 (온라인 창업교육닷컴) 1. 사업모델 캔버스 작성 & 팀원 간 협업으로 사업모델 검증 2. 사업모델 검증 프로세스 3. 사업가 지질 테스트 4. 사업모델 평가 기능 5. 멘토링 보고서 6. 사업 계획 작성

2.2 창업아이템 개발동기

[도움말]

창업하는 아이템을 개발하게 된 이유를 국내·외 시장의 사회·경제·기술의 문제점을 반영하여 기재합니다.

[예 시]

1. 중/소기업은 신규 사업 아이디어의 기술성 및 사업성 검증 역량이 부족하다.
2. 조기 은퇴로 전 세계에는 일자리가 없는 역량 있는 기술 멘토와 사업 멘토가 충분히 많다.

2.3 창업아이템 차별성

핵심 키워드

[도움말]

창업아이템의 차별성을 키워드 형태로 작성합니다.

[예 시]

온라인 교육

아이디어 사업화 프로세스

온인 사업계획서 시뮬레이션

핵심 키워드 설명

[도움말]

상기 기재한 키워드를 상세히 설명합니다.

[예 시]

1) 온라인 교육 :
본 플랫폼은 오프라인 위주의 교육을 온라인에서 누구나 쉽게 배울수 있도록 반응협 웹으로 제작됨
(온라인 웹 페이지 이미지 첨부)

2) 아이디어 사업화 프로세스 :
린 런치패드 기반의 아이디어 사업화 프로세스를 통해 사용자의 비즈니스 모델을 구체화 시킬수 있음

3) 사업계획서 작성
기존 오프라인에서 교육/서면으로 작성되었던 사업계획서를 온라인상에서 멘토링을 받으며 수시로
수정/보완 가능함

3. 성장 전략

3-1. 시장 진입 전략

① 핵심 서비스 제품의 주요 목표 고객

[도움말]

판매하고자 하는 제품의 목표 고객에 대하여 기술합니다.

[예 시]

삼성전자의 플래시 메모리의 주요 목표 고객
1) 스마트폰 제조사 2) PC 제조사 3) 서버 제조사

② 타겟 시장별 매출액

[도움말]

타겟 시장	판매를 목적하는 시장을 기술합니다.
매출액	타겟 시장별 예상 매출을 기재합니다.

[예 시]

타겟 시장	1) 창업 교육 기관/대학
매출액	1) 2019년 : 200,000 2) 2020년 : 300,000 3) 2021년 : 500,000

3-2. 투자 유치 전략

[도움말]

투자 유치 계획	- 어디에 사용할 것인가? 얼마나 조달할 것인가? - 언제 누구에게서 자금을 조달할 것인가? - 어떻게 조달할 것인가? 위 항목들을 기재합니다.

[예 시]

투자 유치 계획	온라인 창업 교육 플랫폼에 사용. 사이트 개발과 마케팅에 10억 원이 필요합니다. 미국/중국 VC를 통하여 조달 예정. 인맥을 통하여 미국/중국 투자자에게 IR 진행

4. 창업아이템 비즈니스 모델

[도움말]

핵심 파트너	핵심 파트너 항목과 관련된 키워드를 작성합니다.
	사업을 진행하는 데 있어 원재료, 물류 담당 파트너 등 사업 전 분야에 협력 관계를 맺을 파트너와 그 필요성을 기재합니다.
핵심 활동	핵심 활동 항목과 관련된 키워드를 작성합니다.
	성공적으로 타겟 고객에게 제품 및 서비스를 전달하기 위해 회사에서 진행할 활동을 기재합니다.
핵심 자원	핵심 자원 항목과 관련된 키워드를 작성합니다.
	작성 가이드 : 성공적인 사업 수행을 위해 필요한 주요 자원을 기재합니다.
가치 제안	핵심 활동 항목과 관련된 키워드를 작성합니다.
	사업의 타겟으로 설정한 고객군에게 이롭거나 필요하다고 생각되어 정당한 보상을 받을 수 있는 제품 및 서비스인지를 검증할 수 있습니다.
고객 관계	고객 관계 항목과 관련된 키워드를 작성합니다.
	제품이나 서비스를 고객에게 인지, 체험, 판매시키고 나아가 고객을 유치 및 유지할 수 있는 방법을 기재합니다.

<table>
<tr><td rowspan="2">마케팅 채널</td><td>마케팅 채널 항목과 관련된 키워드를 작성합니다.</td></tr>
<tr><td>제품과 서비스를 고객에게 효율적으로 전달 할 수 있는 방법을 기재합니다.</td></tr>
<tr><td rowspan="2">고객 세그먼트</td><td>고객 세그먼트 항목과 관련된 키워드를 작성합니다.</td></tr>
<tr><td>성공적인 창업을 위한 필수 기재 사항으로, 제공하고자 하는 상품의 구체적인 최종 고객군을 설정하고 설명합니다.</td></tr>
<tr><td rowspan="2">비용 구조</td><td>비용 구조 항목과 관련된 키워드를 작성합니다.</td></tr>
<tr><td>사업을 성공적으로 수행하는 데 필요한 모든 비용을 기재합니다.</td></tr>
<tr><td rowspan="2">수익 구조</td><td>수익 구조 항목과 관련된 키워드를 작성합니다.</td></tr>
<tr><td>고객에게 판매하는 제품 및 서비스의 가격 전략이나 수익 흐름의 전반적인 구조를 기재합니다.</td></tr>
</table>

[예 시]

<table>
<tr><td rowspan="2">핵심 파트너</td><td>제품 개발, 제조, 판매를 위한 주요 파트너/필요성</td></tr>
<tr><td>창업 분야 관련 전문가 (교수, 연구원, 정책 전문가), 창업 컨설턴트, 창업 관련 교육 기관, 중소 벤처 기업부, 창업 진흥원</td></tr>
<tr><td rowspan="2">핵심 활동</td><td>제품 개발, 제조, 판매를 위한 주요 활동</td></tr>
<tr><td>온라인 창업 교육 플랫폼 개발, 교육 기관 영업</td></tr>
</table>

핵심 자원	지적 자원(특허 등), 주요 인력(개발, 영업, 제조), 자금 확보 전략, 인프라 확보 전략(공장 등)
	온라인 창업 교육 분야 관련 특허 출원 2개, 등록 3개, 영업 3년 이상 경력 인력 2명
가치 제안	고객의 문제/요구 해결안, 차별화 포인트(고객이 구매해야 하는 이유), 경쟁사
	1) 학생 : 온라인에서 창업 교육 실습 환경 제공. 온라인 멘토링 제공 2) 교육 기관 : 자체 온라인 창업 교육 사이트 확보 3) 컨설턴트 :고객에게 온라인으로 창업 컨설팅 서비스 제공 4) 창업 관련 서적 판매 사이트 : 책 광고 기능 제공 5) 창업 관련 전문가 (변호사, 변리사, 세무사, 노무사, 법무사 등) : 광고 기능 제공
고객 관계	고객 확보 전략(마케팅 전략), 고객 유지 전략:
	고객 확보 : 소셜 마케팅, 입소문 마케팅, 교육을 통한 마케팅 고객 유지 : 온라인 멘토링 서비스 제공, 온라인 사업모델 심사 서비스 제공
마케팅 채널	직접 판매, 간접 판매 (대리점 활용/유통 업체 활용 등)
	페이스북, 링크드인, 해외 영업 파트너(페루, 체코 등)

<table>
<tr><td rowspan="2">고객 세그먼트</td><td>타겟 고객의 문제/요구/얻고자 하는 혜택,
시장 크기, 시장 종류(새로운 시장, 기존 시장 등)</td></tr>
<tr><td>1) 예비 창업자와 학생 창업자
2) 창업 교육 기관
3) 창업 컨설턴트
4) 창업 관련 서적 판매 사이트
5) 창업 관련 전문가 (변호사, 변리사, 세무사, 노무사, 법무사등)</td></tr>
<tr><td rowspan="2">비용 구조</td><td>제품 개발, 제조, 판매를 위한 비용 내용
(인건비, 투자, 재료비 등)</td></tr>
<tr><td>웹페이지 유지보수 인건비 및 시스템 활용
비용, 영업사원 인건비</td></tr>
<tr><td rowspan="2">수익 구조</td><td>판매 가격, 예상 매출/손익, 구매
방법(일시불/구독/라이센스 등)</td></tr>
<tr><td>광고 비용, 온라인 멘토링 수수료, 책 판매
수수료, 프리미엄 서비스(하드 디스크 용량과
사용료)</td></tr>
</table>

5. 마케팅 전략

5.1 시장조사

TAM(Total Addressable Market, 전체 시장)

[도움말]

시장 정의	수행하려는 사업 영역 전체 시장의 규모를 나타냅니다. 만일 정확한 내용을 기재하기 어려울 경우 추정치를 기재할 수 있으며 관련 근거를 제시해야 합니다.
시장 규모	시장 규모를 억원 단위로 작성합니다.

[예 시]

시장 정의	HRV(심박변이도) 관련 전 세계 시장 규모는 6조 5천억 원임(World mHealth Market Forecast, Lux Research (2015)
시장 규모	5,000억원

SAM(Served & Available Market, 유효 시장)

[도움말]

시장 정의	전체시장(TAM)영역 중에 스타트업이 추구하는 비즈니스 모델이 차지하는 유효 시장을 정의하는 키워드.
시장 규모	시장 규모를 억원 단위로 작성합니다.

[예 시]

시장 정의	국내 시장 규모는 약 2천억 원(중소·중견기업 기술로드맵-헬스 케어, 중소벤처기업부(2017) 수준임. mHealthcare 산업의 발전으로 관련 시장 규모는 비약적으로 성장할 것으로 예측됨(Lux Research, 2015).
시장 규모	2,000억원

SOM(Serviceable & Obtainable Market, 수익 시장)

[도움말]

시장 정의	본 SOM 수익시장은 스타트업이 사업단계에서 가장 먼저 인식해야하는 고객 규모를 파악하는 것으로 유효시장(SAM)내 초기단계 확보가능 수익 시장을 정의하는 키워드
시장 규모	시장 규모를 억원 단위로 입력합니다.

[예 시]

시장 정의	타겟 시장 : 대형병원, 대학, 심리상담서비스 업체 선정 이유 : 당사의 HRV 데이터를 활용하여 당사 고객(의사, 연구자, 상담사)이 보다 높은 수준의 서비스 제공이 가능하기 때문 국내 HRV SAM 시장의 50% 수준 (2017년 한국 기준 1,000억 원)
시장 규모	1천 억원

5-2. SWOT 전략

[도움말]

강점(S)	기업의 내부 환경(자사 경영 자원)을 중심으로 본인 창업 아이디어의 강점을 기재합니다.
약점(W)	기업의 내부 환경(자사 경영 자원)을 중심으로 본인 창업 아이디어의 약점을 기재합니다.

기회(O)	경쟁, 고객 등 거시적 환경에서 비롯된 기업 외부환경의 기회 요소를 기재합니다.
위협(T)	경쟁, 고객 등 거시적 환경에서 비롯된 기업 외부환경의 위기/위험 요소를 기재합니다.

SO전략	강점으로 기회 살리기 전략을 기재합니다.
WT전략	약점을 최소화하고 위험을 회피하는 전략을 기재합니다.
ST전략	위험을 회피하기 위해 강점을 활용하는 전략을 기재합니다.
WO전략	약점을 극복하면서 기회를 살리는 전략을 기재합니다.

[예 시]

강점(S)	온라인 창업 교육을 위한 플랫폼 보유
약점(W)	영업 파트너의 부족
기회(O)	창업 교육의 증가세
위협(T)	저성장 시대

SO전략	창업 교육의 증가세를 활용하여 온라인에서 창업 교육이 가능한 플랫폼을 적극적으로 프로모션
WT전략	저 성장시대에 투자 감소에 영향이 없는 고객을 발굴하고 네트워크가 있는 고객을 대상을 우선 공략
ST전략	온라인 창업 교육 플랫폼을 활용하여 저성장 시대에도 창업 교육 예산을 확보하고 있는 중소 벤처부에 적극적으로 홍보
WO전략	창업 교육의 증가세가 있으므로 직접 대학과 창업 관련 정부 기관에 적극적으로 영업

5-3 경쟁 분석 워크 시트

[도움말]

<table>
<tr><td rowspan="2">제품/서비스</td><td>자사의 제품/서비스를 기입합니다.</td></tr>
<tr><td>경쟁사 대비 강점(S) / 경쟁사 대비 약점(W) 중 해당된다고 생각하는 항목을 선택합니다.</td></tr>
<tr><td rowspan="2">가격</td><td>고객이 자사의 제품/서비스를 이용한 대가로 지불해야 하는 가격을 기재합니다.</td></tr>
<tr><td>경쟁사 대비 강점(S) / 경쟁사 대비 약점(W) 중 해당된다고 생각하는 항목을 선택합니다.</td></tr>
<tr><td rowspan="2">품질</td><td>고객이 느끼는 자사의 제품과 서비스 품질의 만족 요소를 기재합니다.</td></tr>
<tr><td>경쟁사 대비 강점(S) / 경쟁사 대비 약점(W) 중 해당된다고 생각하는 항목을 선택합니다.</td></tr>
<tr><td rowspan="2">서비스</td><td>고객이 느끼는 자사의 서비스 만족 요소를 기재합니다.</td></tr>
<tr><td>경쟁사 대비 강점(S) / 경쟁사 대비 약점(W) 중 해당된다고 생각하는 항목을 선택합니다.</td></tr>
<tr><td rowspan="2">UI/UX</td><td>사용 고객의 입장에서 자사 서비스 제공 인프라 방식이나 디자인을 기재합니다.</td></tr>
<tr><td>경쟁사 대비 강점(S) / 경쟁사 대비 약점(W) 중 해당된다고 생각하는 항목을 선택합니다.</td></tr>
<tr><td rowspan="2">고객 인지도</td><td>고객이 자사의 브랜드나 제품 및 서비스에 대하여 어느 정도 알고 있는지 기재합니다.</td></tr>
<tr><td>경쟁사 대비 강점(S) / 경쟁사 대비 약점(W) 중 해당된다고 생각하는 항목을 선택합니다.</td></tr>
</table>

[예 시]

제품/서비스	온라인 창업 교육 플랫폼
	경쟁사 대비 강점
가격	1인당 100달러
	경쟁사 대비 강점
품질	스마트폰 카메라를 통한 동공 촬영으로 무자각/비 부착식 HRV 측정
	경쟁사 대비 강점
서비스	개인 고객 건강관리
	경쟁사 대비 강점
UI/UX	사용자가 의식적으로 스마트폰 LED 광원에 접촉해야 함
	경쟁사 대비 강점
고객 인지도	고객인지도 매우 낮음
	경쟁사 대비 약점

5.4 제품 / 서비스 판매 방법

사용할 마케팅 전략

[도움말]

사용할 마케팅 전략	키워드를 입력합니다.
사용할 마케팅 전략을 선택합니다.	키워드에 대한 설명을 입력합니다.

[예 시]

사용할 마케팅 전략	페이스북
B2C	페이스북 페이지 운영

사용할 광고 전략

[도움말]

사용할 광고 전략	키워드를 입력합니다.
사용할 광고 전략을 선택합니다.	키워드에 대한 설명을 입력합니다.

[예 시]

사용할 광고 전략	유튜브 영상 광고 배포
온라인 광고 전략	유튜브 15초 광고 영상을 제작·배포하여 고객의 해당 상품 인지, 관심 유도

자료출처: 창업진흥원

신사업창업사관학교 사업계획서

□ 일반현황

창업 아이템명					
업종분류	*정보통신, 교육서비스 등 (* 온라인 신청서와 동일하게 작성)*				
신청자 성명		생년월일	*1900.00.00*	성별	*남 / 여*
연락처		사업장 예정지역	*○○도 ○○시*		
교육 희망지역					

□ 창업 아이템(아이디어) 개요(요약)

<table>
<tr><td>창업
아이템
소개</td><td colspan="2">·

※ 핵심기능, 소비자층, 사용처 등 주요 내용을 중심으로 간략히 기재</td></tr>
<tr><td>창업
아이템
의
차별성</td><td colspan="2">·

※ 창업 아이템의 독창성과 차별성(현재 개발단계* 를 포함)을 중점적으로 기재
* 아이디어, 시제품 제작 중 등</td></tr>
<tr><td>국내외
목표
시장</td><td colspan="2">·

※ 국내 외 목표시장, 판매 전략 등을 간략히 기재</td></tr>
<tr><td rowspan="2">이미지</td><td>※ 아이템의 특징을 나타낼 수 있는 참고사진(이미지) 또는 관련자료 삽입</td><td>※ 아이템의 특징을 나타낼 수 있는 참고사진(이미지) 또는 관련자료 삽입</td></tr>
<tr><td>< 사진(이미지) 또는 관련자료 제목 ></td><td>< 사진(이미지) 또는 관련자료 제목 ></td></tr>
</table>

1. 창업자 역량

1-1. 창업동기 및 창업의지

※ 창업 동기 및 신사업창업사관학교 지원 동기, 창업자의 각오, 열정, 의지, 경영자로서의 자질 및 운영 능력 등을 기재

○

1-2. 창업 아이템(아이디어)과 관련한 전문성

※ 창업 아이템과 관련된 분야 활동 경력 및 경험, 기술력 및 숙련도(동종 업종 또는 유사 업종 관련 자격증 등 보유 여부(해당시) 포함), 과거 사업화 진행경험 또는 프로젝트 수행경력 등에 대해 기재

○

2. 창업 아이템(아이디어)의 필요성 및 혁신성

2-1. 창업 아이템의 필요성

※ 창업 아이템을 통해 국내외 시장의 문제점 및 한계점 등을 해결하기 위한 방안, 창업 아이템을 통한 새로운 수요 및 가치 창출 가능성, 창업 아이템의 효용성 등을 기재

○

2-2. 창업 아이템의 참신성 및 독창성

※ 창업 아이템에 대한 구체적인 소개, 창업 아이템만의 고유한 특징과 장점, 현재 시장에서의 대체재(경쟁사) 대비 우위 요소 및 차별성, 기존 시장에 없는 새로운 제품·서비스 제공 가능 여부 등을 기재

○

3. 창업아이템(아이디어)의 준비도 및 성장 가능성

3-1. 창업 아이템의 실현 가능성 및 구체적인 단계별 사업계획

※ 창업 아이템의 제품·서비스화 실현 가능성, 이론교육 → 경영체험교육 → 졸업 후 실전 창업 등 각 단계별로 창업 아이템의 고도화(성장) 및 발전계획, 제작방법(자체, 외주), 추진일정 등을 기재

○

< 사업 추진일정 >

구분	추진내용	추진기간	세부내용
이론교육 및 경영체험교육 단계	제품·서비스 개발 및 기능 보완	2021.0.0. ~ 2021.0.0.	OO 기능 개발 및 보완
	브랜딩·패키징	2021.0.0. ~ 2021.0.0.	CI/BI 제작, 제품·서비스별 브랜딩, 패키징 등
	사업자등록 및 영업허가	2021.0.0. ~ 2021.0.0.	경영체험교육을 위한 사업자등록, 제품·서비스별 영업허가 및 관련 교육 수료
	판매실습을 위한 제품·서비스 생산	2021.0.0. ~ 2021.0.0.	체험점포 내 직접 제조 또는 외주 제작 등 판매실습에 필요한 제품·서비스의 생산·출시
	온·오프라인 판매실습	2021.0.0. ~ 2021.0.0.	오프라인 점포, e-커머스 플랫폼을 통한 판매
	...		
졸업 이후 본격 창업단계	사업장(제조 시설 등) 확보	2021.0.0. ~ 2021.0.0.	개별 사업장 등 임차, 사업자 등록 및 영업허가
	홍보	2021.0.0. ~ 2021.0.0.	홍보용 홈페이지 제작
	제품 판매	2021.0.0. ~ 2021.0.0.	크라우드 펀딩을 통해 신제품 출시 및 판매
	...		

3-2. 교육·실습을 통한 성장 가능성

※ 창업 아이템의 성장·발전을 위해 신사업창업사관학교의 교육·실습 과정이 필요한 사유, 신사업창업사관학교 교육 프로그램과 창업 아이템과의 적합 여부, 신사업창업사관학교를 통한 특이적인 활동 계획 등을 기재

- 특수한 시설·설비 조건을 수반하여 신사업창업사관학교의 체험점포가 아닌 별도 공간에서 제품·서비스의 제조 및 판매 실습이 필요한 경우에는 해당 사유 및 타 공간에서의 실습계획 등을 별도 기재 (해당시)

○

3-3. 재원 소요 및 자금조달계획

※ 창업에 필요한 예산 소요 및 내역, 재원(자기자본, 투자유치 등) 등 자금조달계획 기재

○

자료출처:소상공인시장진흥공단

6. 정책적인 지원 사업 활용방법

1) 창업 지원금

국내 경기가 위축되면서 정부와 지방자치단체에서는 예산으로 지원하는 창업지원자금을 점차적으로 증액하고 있는 추세인데 지원금을 받으려면 사전에 준비를 철저히 해야 한다.

첫째, 창업 자금을 지원하는 기관들을 조사한다.

중소벤처기업부, 소상공인시장진흥공단, 중소벤처기업진흥공단, 창업진흥원, 제주테크노파크, 제주경제통상진흥원, 지방자치단체, 창업선도대학, 창업보육센터 등이 있는데 창업자금지원 기관별로 예산에 따라 자금 지원의 대상과 조건이 다르다. 따라서 지원 기관의 홈페이지를 검색하여 지원 신청하고 적기에 필요한 자금을 받을 수 있도록 하며 나중에 갚아야 하는 창업자금대출과 상환하지 않아도 되는 창업 지원금이 있다.

(창업시 스타트업 필수 사이트 참고할 것)

둘째, 사업계획서를 구체적으로 작성한다.

창업 자금을 지원하는 기관에서 중요하게 생각하는 것은 사업계획서인데, 어떤 아이템으로 창업을 하며 창업자가 얼마나 준비가 잘 되어 있는가에 대하여 알고자 한다. 따라서 지금까지 어떻게 준비하였으며, 어떤 기술을 보유하고 있는지, 어떤 분야의 창업을 준비하고 있는지를 구체적으로 설명해야 한다.

(지원 사업 사업계획서 예시 참고할 것)

셋째, 심사과정을 이해하고 사전에 준비해야 한다.

일반적으로 지원 신청서 접수 후에 서류심사 및 발표심사를 하게 되는데 서류심사는 신청 시에 제출한 사업계획서를 가지고 심사하며, 발표심사는 발표자가 발표 자료를 준비하고 발표 장소에서 심사위원 앞에서 주어진 시간 내에 창업아이템과 수익성, 소요자금조달 방안에 대하여 구체적으로 설명하고 질문에 답해야 한다. 특히 심사위원이 사업 아이템의 실현 가능성에 대하여 신뢰가 가도록 철저히 준비해야 한다. (지원 사업 신청 시에 심사위원은 어떤 생각을 가지고 나의 사업계획서를 평가할까를 참고할 것)

2)청년창업자금대출

청년창업자금대출의 지원 대상은 중소기업창업 지원법 시행령에서 만 39세 미만으로 한정되어 있다.

지원 기관
1.중소벤처기업진흥공단.
2.소상공인시장진흥공단.
3.미소금융재단(신용등급 7등급 이하)
4.일반 시중은행
5. 엔젤투자매칭펀드: 기업당 총 3억원 한도

신청기한 : 매달 1 ~ 5일(펀드 예산 소진 시까지)
신청방법 : 엔젤투자지원센터 홈페이지를 통한 온라인 접수

3) 청년창업 중소기업소득공제 제도 활용

조세특례제한법에 규정에 따라 만 34세 미만이면 가능하다. 2021년 12월 31일 이전에 제3항 각 호에 따른 업종으로 창업한 중소기업과 「중소기업창업 지원법」 제6조제1항에 따라 창업보육센터 사업자로 지정받은 내국인에 대해서는 해당 사업에서 최초로 소득이 발생한 과세연도(사업개시일 부터 5년이 되는 날이 속하는 과세 연도까지 해당 사업에서 소득이 발생하지 아니하는 경우에는 5년이 되는 날이 속하는 과세 연도를 말한다. 이하 제6항과 같다)와 그다음 과세 연도의 개시일부터 4년 이내에 끝나는 과세 연도까지 해당 사업에서 발생한 소득에 대한 소득세 또는 법인세에 다음 각 호의 구분에 따른 비율을 곱한 금액에 상당하는 세액을 감면한다.

1. 창업중소기업의 경우: 다음 각 목의 구분에 따른 비율
가. 수도권과밀억제권역 외의 지역에서 창업한 대통령령으로 정하는 청년창업 중소기업(이하 "청년창업중소기업"이라 한다)의 경우: 100분의 100

나. 수도권 과밀억제권역에서 창업한 청년창업 중소기업 및 수도권 과밀억제권역 외의 지역에서 창업한 창업 중소기업의 경우: 100분의 50

2. 창업보육센터 사업자의 경우: 100분의 50
창업 중소기업과 창업벤처중소기업의 범위는 다음 각 호의 업종을 경영하는 중소기업으로 한다.

1. 광업
2. 제조업 3. 건설업 4. 음식점업 5. 출판업

6. 영상·오디오 기록물 제작 및 배급업
7. 방송업 8. 전기통신업 9. 컴퓨터 프로그래밍, 시스템통합 및 관리업
10. 정보 서비스업 11. 연구개발업 12. 광고업
13. 그 밖의 과학기술서비스업 14. 전문디자인업
15. 전시·컨벤션 및 행사 대행업 16. 창작 및 예술관련 서비스업
17. 엔지니어링사업 18. 물류산업
19. 「학원의 설립·운영 및 과외교습에 관한 법률」에 따른 직업기술 분야를 교습하는 학원을 운영하는 사업 또는 「근로자직업능력 개발법」에 따른 직업능력개발훈련 시설을 운영하는 사업(직업능력개발훈련을 주된 사업으로 하는 경우에 한한다)
20. 「관광진흥법」에 따른 관광숙박업, 국제회의업, 유원시설업 및 대통령령으로 정하는 관광객이용시설업
21. 「노인복지법」에 따른 노인복지시설을 운영하는 사업
22. 「전시산업발전법」에 따른 전시산업
23. 인력공급 및 고용알선업
24. 건물 및 산업설비 청소업 25. 경비 및 경호 서비스업
26. 시장조사 및 여론조사업 27. 사회복지 서비스업
28. 보안시스템 서비스업 29. 통신판매업
30. 개인 및 소비용품 수리업 31. 이용 및 미용업

4)창업사관학교

중소벤처기업진흥공단
중진공 청년창업사관학교는 대한민국을 이끌어갈 혁신적인 청년 CEO 양성을 위하여 창업계획 수립부터 사업화까지 창업의 전과정을 지원한다.

39세 이하 창업기업의 대표, 3년 이내의 중소기업.
지원 예산 규모: 845억 원 선발인원 915명 (2022년 실적)

제주 청년창업사관학교
제주특별자치도 제주시 중앙로 제주벤처마루 2층
전화번호 064-759-9648
https://start.kosmes.or.kr/

소상공인시장진흥공단

성장 가능성이 높은 신사업 아이디어를 기반으로 예비창업자를 선발하여 이론교육, 점포경영체험, 창업 멘토링을 패키지로 지원한다.

•지원 대상 : 소상공인예비창업자
•지원 예산 및 규모 : 연간 100억 원, 300명
•지원내용
- 창업 이론교육 : 창업을 위한 일반과정 및 업종전문교육 제공(약 4주)
- 점포경영체험교육 : 사업모델 및 시제품 검증 등을 위한 점포체험 교육(약 16주)
- 창업 멘토링 : 창업에 필요한 분야별 멘토링 제공
- 창업 자금 : 수료생 대상 정책 자금 연계(교육 수료 후 1년 이내), 사업화 보조금 일부 지원(심사를 통해 선발, 총 사업비의 50% 이상 자부담 조건)

참가자 모집
•신청 기간 :상반기 하반기 연 2기수 모집 : 9기(2021. 1월 중), 10기(2021. 6월 중)

•신청방법 : 신사업창업사관학교 홈페이지(www.nrf.re.kr)를 통한 신청·접수
•제출서류 : 신청서, 사업계획서 등

5) 창업자는 투자금을 어떻게 받는 것이 유리할까?

법인 스타트업 기업은 투자금을 받아도 어떤 방법으로 투자금을 받을지 고민하는 경우가 있는데 일반적으로 투자금을 받을 방법은 자본금 증자로 받는 방법과 주주의 지분을 양도하는 방법이 있는데 두 가지는 어떤 장단점이 있는지 비교해 보면

첫째, 자금의 활용에 대한 문제

자본금 증자로 받는 방법은 자금이 법인으로 들어오게 된다. 반면 주주의 지분을 일부 양도하는 방법으로 하게 되면 주주에게 자금이 귀속된다. 따라서 법인의 자금으로 활용을 원하는 경우 증자로 하는 방법이 유리하다. 반면 주주가 일부 지분을 양도함으로써 부분 매각을 하는 경우에는 주주가 투자 자금을 활용할 수 있으므로 개인적으로 사용이 가능하다.

주주지분을 양도한 후 회사의 자금으로 넣으면 가수금으로 인정된다. 이 가수금은 회사의 여유자금이 있을 때 언제든지 인출이 가능하다.

둘째, 투자 자금의 세금 문제

자본금 증자로 받는 방법은 증자로 인한 법률 수수료 이외에 들어가는 비용이 거의 없다. 자금을 받으면서 세금 등으로 외부 유출이

없이 투자금액을 온전히 회사에 사용할 수 있다는 장점이 있다. 따라서 대부분의 엔젤 투자나 벤처 투자 자금은 증자를 통해 투자를 하는 방법이 일반적이다.

지분을 양도하는 경우에는 기존의 주주가 양도소득세를 내야 한다. 일반적으로 비상장 회사의 경우에는 대주주의 주식 양도소득세가 올해부터 인상된다. 올해는 대주주의 요건이 2020년 이후는 10억 원 이상이면 대주주로 판정이 된다. 따라서 10억 이상의 주식양도는 대주주로 본다. 이 규정이 내년 2021년 이후는 3억 원 이상으로 대폭 낮아질 예정이다. 이에 따라 이제 한 주식을 3억 원 이상 보유하면 세법상 대주주로 분류된다. 대주주의 세율은 2020년부터 3억이 넘는 부분에 대해서는 25%로 인상된다.

셋째, 부채비율 등의 개선과 관련한 문제

자본의 증자로 받으면 자본이 투자금액만큼 증가하게 된다. 따라서 자본대비 부채 비율이 개선되는 효과가 있다. 따라서 차후 차입금을 받기에도 용이할 수 있다. 지분을 양도하는 경우에는 주주의 구성만 달라질 뿐 자본금 자체는 변화가 없다. 따라서 부채 비율도 달라지지 않는다. 추가로 차입을 원하는 회사는 불리할 수 있으나 채무 부담이 필요하지 않은 회사는 차이가 없다.

6)창업시 스타트업이 활용 가능한 사이트

1. K-startup
중소기업청 주관으로 창업 교육에서부터 지원 정보가 있으며, 사무실 입주 공간을 찾을 수 있다.
https://www.k-startup.go.kr

(https://start.kosmes.or.kr/)

2 스마트창업진흥원 같은 중소기업청 주관이지만 k-startup에 없는 더 광대한 자료 제공. 예비창업자들의 기업가정신을 함양하고 창업 역량을 강화할 수 있도록 다양한 창업교육 프로그램을 지원한다.
http://www.kised.or.kr

3 기업마당
중소기업에 필요한 정부 지원사업을 맞춤으로 추천해준다.
http://www.bizinfo.go.kr

4 정부/지원 올댓비즈
대한상공회의소에서 운영하는 포털사이트로 정부 지원제도를 찾고 참여할 수 있다.
http://allthatbiz.korcham.net

5 소상공인마당
소상공인의 시각에 맞춰 상권분석 서비스를 제공하며 정책자금, 지원시책을 볼 수 있다.
http://www.sbiz.or.kr

6.제주소상공인
경영지원센터 제주소상공인을 위한 통합지원, 컨설팅 지원, 경영안정자금지원, 골목상권지원 등을 지원한다.
http://jejusc.kr/

7 특허정보넷 키프리스
지식재산권, 특허 정보를 무료로 검색해 볼 수 있다
http://www.kipris.or.kr

8 제주테크노파크
기업에 필요한 기술개발, 사업화 지원, 마케팅,
인력양성과 같은 다양한 사업을 통해 혁신형 창업기업,
창업 후 성장기업, 성장주도형 혁신기업들이 자유롭게
활동하고 성장할 수 있도록 지원한다.
http://www.jejutp.or.kr/

9 제주창조경제혁신센터
창업에 대한 정보 및 각 지역의 창조경제타운 센터 내
마련된 다양한 시설도 예약할 수 있다.
https://ccei.creativekorea.or.kr/jeju

10. 세무/회계
온라인 법인설립 서비스 중소기업청에서 운영하는
사이트로 서류작성과 기관방문 없이 직접 법인설립이
가능하다. http://www.startbiz.go.kr

11.마크인포 특허청에서 지원하는 사이트로 상표검색과
상표출원을 한번에 할 수 있다.
http://markinfo.co.kr

12 이지비즈
개인 창업경영자들이 사업자등록 신청을 위해 필요한
모든 서류와 업무수행 가이드를 대신해 준다.
http://www.ezbizservice.com

13. 인사/노무 4대보험 정보연계센터

국민연금, 건강보험, 고용보험, 산재보험 각 기관별 등록절차를 대행해준다.
https://www.4insure.or.kr

14.구인구직 로켓펀치
스타트업 전문 채용사이트
https://www.rocketpunch.com

15 워크넷 고용노동부에서 무료로 운영하는 사이트로 사설구직 사이트 http://www.work.go.kr

16 정보아이보스
사업을 하다보면 생기는 경영, 세무, 노무, 법률에 대한 궁금증 해소 및 실무정보 제공.
http://www.i-boss.co.kr

17 아웃스탠딩
스타트업 기업에 대한 재미있고 상세한 기사들을 볼 수 있는 사이트 http://outstanding.kr

18 플래텀 스타트업 전문 미디어, 최신 스타트업 소식을 볼 수 있다. http://platum.kr

19 트렌드 인사이트
점차 세분화되는 미래 마켓에 대비해, 변화의 시발점인 마이크로트렌드의 징후들을 포착하고 이를 타겟, 전략, 스타트업 기업이나 상품 사례 등을 통해 비즈니스 관점으로 정보를 제공한다.

http://trendinsight.biz/

20 데모데이 스타트업 성장을 위한 서비스와 정보를 제공한다.
http://www.demoday.co.kr/

21 스타트업 얼라이언스
한국 스타트업 생태계를 활성화하고 한국 스타트업의 해외진출을 지원하기 위한 민간비영리기관으로, 스타트업 창업자들과 스타트업 생태계의 주요 구성원을 효율적으로 연결하는 민관 협력 네트워크이다.
www.startupall.kr

22 디캠프
은행권청년창업재단에서 출자한 곳으로, 투자, 협력공간, 네트워킹 서비스를 제공한다.
www.dcamp.kr

23 네이버 파트너스퀘어 프로젝트 꽃의 오프라인 거점으로, 다양한 개인이 꿈과 사업을 시작하고 성장할 수 있도록 돕는 공간이다.
http://partners.naver.com

7) 심사위원은 어떤 생각으로 나의 사업계획서를 평가할까?

창업 예정자가 사업계획서를 작성하여 사업계획서에 따라서 창업 일정을 진행하게 되며 창업 지원을 신청하는 경우에 지원 기관에서 사업계획서 제출을 요청하게 되는데, 제출받은 사업계획서를 전문가들이 심사하고 평가하여 지원 여부를 결정하게 된다. 필자도 창업 지원 심사를 하지만 창업 교육, 컨설팅 등 다양한 분야에서 활동하는 린스프린트의 김정수 대표의 글에 따르면 중요한 것은 내가 나의 사업 계획을 남들에게 보여주는 것에 있어서의 자세가 중요하다고 조언한다

사업계획서 심사 절차는 보통의 경우 대략 6~8시간에 걸쳐 100여 개의 지원서를 평가한다. 여기서 지원 기관에 따라서 다르겠지만 30여 개 팀이 1차로 대상이 결정되고 1차 서면심사를 통과된 팀들을 대상으로 2차 발표평가 대상자가 결정돼 통보된다.

대개 3년 미만 초기 창업자를 대상으로 지원 사업의 평가 유형은 크게 2개로 구분할 수 있으며 서면평가와 발표평가다. 물론 개별 지원 사업마다 평가 프로세스는 상이할 수 있으나 대개 서면평가를 통해 1차로 평가하고 1차 서면평가를 통과한 지원자를 대상으로 2차 발표평가

를 통해 최종 지원팀을 결정하는 방식이다.

2가지 평가 유형에 대한 필자의 심사경험을 중심으로 개별 평가 유형에 대해 심사 환경, 심사위원의 마인드, 평가에 영향을 주는 주요소, 지원자들이 참조했으면 좋을 팁 등을 정리하고자 한다.

1. 서면 평가

지원 사업 프로세스 및 지원자(팀) 숫자에 따라 상이하겠지만, 필자가 주로 경험한 서면 평가 심사환경은 다음과 같다.

- 심사위원 : 3~6명
- 심사 시간 : 6~8시간
- 심사 대상 : 30~100개 기업
- 심사방식 : PC에 사전 등록된 지원서를 읽고 심사표에 점수 기입. 심사 종료 후 1차 심사표 리뷰 및 일부 조정

환경에 대해서 얘기하고 싶은 점은 두 가지다. 바로 정해진 시간에 지원 신청한 여러 기업 신청서를 한정된 시

간에 평가한다는 사실과 지원서를 대부분 PC 화면을 통해 보고 평가한다는 사실이다. 따라서 대부분 창업지원사업의 서면 평가의 심사환경이 아래와 같다는 것이다.

- 팀 당 적게는 2~3분, 많아도 5~6분을 할애하지 못한다.
- PC 화면에 보이는 지원서 양식 그대로 평가하기 때문에 문서의 가독성이 내용만큼 중요하다.
- 심사위원이 중요하게 여기는 체크포인트 내용이 초반부에 나오게 한다.

모니터 화면과 친화적인 문서 양식은 PPT 양식이므로 만약 자유 양식으로 제출할 수 있다면 워드 문서가 아니라 프레젠테이션 문서로 작성해서 PDF로 변환해서 제출하는 것이 좋다.

지원 사업에서 제공하는 지원금이나 멘토링이 필요한 초기 창업자들은 보통 몇 시간에서 많게는 며칠을 고민해서 지원서를 작성한다. 이에 대해서 필자 또한 충분히 알고 있지만 지금의 심사 환경은 이런 창업자의 노력을 모두 헤아려 줄 수 없는 환경이다. 그렇기 때문에 단순히 열과 성을 다해서 지원서를 작성하는 것으로 충분하지 않으며, 심사 환경을 고려한 맞춤형 작성이 필요하다.

지원자가 얼마나 공을 들였든 간에 심사위원은 보통 하나의 지원 신청서를 5~10분 이내에 본다. 그렇기 때문에 5~10분 안에 심사위원으로 하여금 지원자의 비즈니스 모델이 매력적이고 경제적 가치로 충분히 창출할 수 있음을 어필할 수 있어야 하며, 이를 위해서는 보통 심사위원들이 중요하다고 생각하는 체크포인트 내용을 가독성 있게 초반부에 정리하는 것이 필요하다.

예를 들어서 비즈니스 모델을 평가하는데 있어서 핵심 키워드는 아래와 같다.

1) 고객 - 고객 문제 - 솔루션으로써 우리 제품이나 서비스의 이야기 흐름

생각보다 많은 지원자들이 지원 신청서를 작성하면서 처음부터 끝까지 자신들의 아이템 혹은 주요 기술에 대해 상세하게 정리한다. 그런데 만약 우리 아이템이 B2C 중에서도 아주 일반적인 소비재가 아니라면, 제품과 기술 얘기만 반복해서 적어놓은 사업계획서를 보면서 심사위원은 이런 생각이 든다.

그냥 뭔가 기술이 좋고, 최첨단 제품이나 서비스인 것 같은데 도대체 이 제품과 서비스는 누구에게 왜 필요한

것일까?

고객이 없이 우리 제품. 서비스, 기술에 대한 얘기만 쓴다면, 심사위원들은 비즈니스 모델에 대한 이해를 포기할 수밖에 없다. 왜냐하면 아직 이거 말고도 여러 신청자의 사업계획서를 더 봐야 하기 때문이다.

일단 고객이 누구고, 고객이 겪고 있는 문제나 불편함이 무엇이며, 이를 해결하기 위해 우리 제품이 이렇다는 구조로 이야기를 풀어가야 우리 제품이나 서비스의 직접적 고객이 되지 않는 심사위원들에게도 우리 아이템의 가치를 이해시킬 수 있다.

예전에는 고객-고객의 문제-제품과 서비스 이야기만 술술 잘 풀어도 설득력이 있었지만, 이제는 거의 모든 창업자들이 이 관점에서 이야기를 진행하기 때문에 잘 구조화된 사업 아이템 설명과 이를 뒷받침해 줄 만한 데이터나 자료가 필요하다.

우리 사업 아이템이 사업성이 있고 잘 진행될 것으로 예상된다는 증거는 견인 지표(Traction Metric)이다. 견인 지표는 우리 사업을 성공으로 이끄는데 가장 중요한 역할을 하는 지표다. 가장 좋은 견인 지표는 매출액이 되겠지만, 만약 아직 매출액이 없는 상황이라면, 우리가 하고자 하는 사업이 매출은 없지만, 성장 가능하고 고객에 대한 가설을 충분히 검증했다는 주장을 뒷받침해줄 견인 지표를 정리해서 보여주면 되는데 견인 지표의 예를 들면

① 밀레니얼 세대를 타깃으로 한 미디어 서비스 : 주별 유니크 유저 수 및 총 미디어 소비시간
② 반려견주를 위한 펫시터 중개 서비스 : 주별 혹은 월별 반려견주 또는 등록 펫시터 증가 추이 및 실제 매칭 성사 건수
③ SOHO 족을 위한 생산성 향상 솔루션 : 주별 유니크 유저 수 추이 및 특정 기능 사용 또는 생성 숫자 등

심사위원이 많이 바쁘면, 정리한 견인 지표가 사업 아이템과 맞는지 보고, 맞으면 견인 지표가 꾸준히 상승세인지 보고 일단 후한 평가를 내리고 넘어갈 수도 있으니, 반드시 우리 사업만의 견인 지표를 정의하고 사업계획서에 넣도록 한다.

2) 유통과 시장

고객 입장에서 창업자의 제품/서비스를 쓸 것 같다는 생

각이 들거나, 아니면 해당 제품/서비스는 이미 시장에 유사한 경쟁상품이 많이 나왔고, 기술적으로 특별한 것이 없는 경우에는 심사위원은 궁금한 것이 어떻게 고객을 확보할 것인지 알고 싶어 한다.

창업자가 만들어낼 수 있는 차별적 요소가 제한적이라면, 해당 아이템은 결국 유통에 의하여 성공 여부가 결정되기 때문이다. 그런 아이템인데 우리의 유통전략(대개 사업계획서 양식에는 '시장 진입 계획' 등으로 표기)은 'SNS 마케팅과 구전 마케팅을 적절하게 활용하겠습니다'라는 방식으로 작성한다.

심사위원 입장에서 만약 고객-제품/서비스-유통의 삼위일체가 조화롭게 이해됐다면, 궁금한 것이 바로 시장 규모다. 고객-제품/서비스-유통이 전반적으로 이해되면 필자는 '이거 시장에 나오면 되겠는데'라는 생각을 하며 바로 이 제품/서비스를 통해 돈을 벌 수 있는 시장이 얼마나 될지 궁금하기 때문이다.

이때 구글이나 네이버 검색을 통해 나오는 그래프를 무턱대로 우리 전체 시장 규모로 정의하면 안도며, 철저하게 우리 사업 아이템이 현실적으로 접근할 수 있는 시장의 정의 및 규모 추정, 그리고 우리 사업의 확장 전략과 방향을 같이 하는 인접 시장의 정의, 규모 추정이 필요하다.

시장 규모를 작성하는데 있어서 아래 포스팅이 도움된다.

스타트업,
시장의 크기가 아니라 고객가치의 크기를 얘기하라

예비창업자나 초기 스타트업이 비즈니스 모델을 수립하고 검증하는 과정에서 맞닥뜨리는 대표적인 이슈 중 하나가 바로 '시장의 크기'다.

사실 대부분 초기 창업자들이 고객-제품/서비스-유통 간 스토리를 매력적으로 설명하는 경우가 거의 드물기 때문에 해당 스토리를 매력적으로 설명할 수 있으면 1차 서류 통과에 크게 도움이 된다.

3) 수익모델 및 추정손익계산

사업은 돈을 벌려고 하는 것이다. 그렇기 때문에 나의 비즈니스 모델을 설명하면서 우리가 어떤 방식으로 얼마를 받고 팔 수 있는지는 당연히 얘기해야 한다. 하지만 상당수 초기 창업자들은 이 부분을 생략하거나 정말 가볍게 정리하고 넘어간다. 특히 아직 고객에게 제공하는 가치 제안을 명확하게 하지 못한 예비창업자나 초기 창업자의 경우 더욱 수익모델까지 생각을 확장하지 못하기 때문에 대충 작성하고 넘어가는 경향이 있는데, 그러면 안 된다.

심사위원은 무엇보다 해당 아이템이 누구에게 얼마를 어떤 방식으로 팔아서 얼마를 벌 수 있는지 궁금할 뿐만 아니라 대략적인 비용은 얼마 정도 지출되어 궁극적으로 어느 정도의 순익을 남길 수 있는지도 궁금하다.

그렇기 때문에 사업계획서에서 수익모델은 매우 중요하며 수익모델을 작성할 때는 단순히 수익 원만 쓰지 말고 중개 수수료, 광고비 등 해당 수익원을 기반으로 어떤 구조로 돈을 얼마나 벌 수 있는지를 다시 한번 검토하고 작성한다.

4) 우리의 역량

창업자가 어떤 사람인지 서면 평가에서 의외로 중요할 수 있다. 다 같이 비즈니스 모델을 추상적으로 얘기해도, 이제 막 대학을 졸업한 사회 초년생과 관련 업계에서 이미 10년간 경력을 쌓고 팀원들도 관련 업계 베테랑인 경우 심사위원이 느끼는 사업역량은 다를 수밖에 없기 때문이다.

바꾸어서 말하면 내가 한 10년 이상 종사했던 분야에 대한 창업이라면, 조금 느슨하게 작성해도 서류 통과 가능성이 높지만, 그렇지 않은 경우에는 철저하게 나의 논리만으로 심사위원을 설득하기 힘들다는 얘기다.

지인으로부터 대개 '왜 네가 이걸로 창업해?'라는 질문을 받는다면, 비즈니스 모델을 아무리 논리적으로 꾸며도 심사위원을 설득하기 힘들 수 있다. 이때는 철저하게 발로 뛰어서 나만의 시장 테스트 결과 데이터를 확보하고 이를 잘 정리해서 창업자 본인이 비록 창업 아이템과 관련한 경험이 부족하지만, 실제 고객을 만나면서 시장의 문제를 발견하고 적절하게 해결할 자신이 있음을 어필할 수 있어야 한다.

심사위원마다 다르겠지만, 필자의 경우 창업자 역량을 평가할 때 보는 부분은

창업자 본인의 유관 경력 > 팀 빌딩 수준 > 창업자 본인의 학력 > 창업자가 가지고 있다고 스스로 주장하는 기술/능력 순이다.

지원 신청서 제출 시 유의사항

1) 자유양식이면 PPT로 작성해서 PDF로 변환해서 제출할 것
2) 사업계획서 안에 아래 내용이 먼저 가독성 있게 노출될 것

- 고객-고객 문제-우리 제품/서비스가 자연스레 연결된 내용
- 어떻게 고객에게 우리의 존재를 노출하고, 판매할 것인가?
- 초기 거점 시장 규모, 수익모델 및 손익 예상
- 창업자 역량 : 창업자의 학력, 경력 등 최대한 어필한다.

2. 발표 평가

위의 사항들을 고려하여 사업계획서를 충실하게 작성하여 1차 서류심사과정을 통과하면 2차 발표 평가 기회를 얻을 수 있다.

그럼 보통 발표 평가는 어떤 환경에서 진행될까?

- 심사 대상 : 보통 15~30개, 많게는 40개 넘는 팀이 하루에 심사한다.
- 팀당 발표 및 질의응답 시간 : 5~7분 발표. 3~5분 질의응답
- 심사위원들의 지원자 비즈니스 모델에 대한 사전 이해도

회사명과 사업 아이템 한 줄 소개 정도 아는 수준이라고 생각하고 발표

필자가 심사위원으로서 경험한 발표평가 환경이다. 이건 지원 사업마다 다를 수 있다. 하지만 아마 발표 시간은 거의 5~10분 내외이다.

나의 비즈니스 모델에 대한 이해가 없는 심사위원 앞에서 5~10분내에 내 비즈니스 모델을 어떻게 설명할 것인가? 이런 마음가짐으로 발표평가를 준비하면 안 된다.

나의 비즈니스 모델에 대한 이해가 없는 심사위원 앞에서 5~10분 내에 내 비즈니스 모델을 어떻게 설명하고 설득할 것인가?

5~10분 동안 우리 비즈니스 모델이 잘 작동하고, 시장에 안착하면 꽤 짭짤할 것이라고 심사위원을 '설명'하는 것이 아니라 '설득'한다고 생각하고 준비해야 한다.

대부분 발표평가가 비슷하겠지만, 특히 비즈니스 모델에 대한 발표(통상 피칭이라고 한다)는 브로슈어가 아닌 TV 광고와 같다.

브로슈어는 우리 제품이나 서비스에 대한 충분한 설명을 담아 주면 관심 있는 사람은 이를 꼼꼼하게 살펴보겠지만, TV 광고는 그렇지 않다. 15~30초라는 찰나의 순간에 우리 브랜드와 상품이 고객에게 전달하고 하는 메시지를 전달하고, 고객이 그 메시지를 받고 반응할 수 있도록 유도해야 한다.

그래서 발표평가를 준비할 때 5~10분 동안 우리 비즈니스 모델의 A부터 Z까지 속사포 랩으로 설명해야지라는 마음이 아니라 심사위원들로 하여금 우리 비즈니스 모델에 반할 수 있도록 해야지라는 마음으로 준비하기를 권유한다.

그럼 발표 자료는 어떻게 준비해야 할까?

기본적으로는 각 지원 사업 심사 요강의 내용을 충실하게 작성하며, 서류평가와 마찬가지로 심사위원이 중요시하는 내용 중심으로 정리해야 한다. 심사위원은 우리 아이템의 고객이 누구고, 기존 대안들로 여전히 해결하지 못하는 문제가 무엇이고, 그것을 우리가 어떻게 해결해서 돈을 얼마나 벌 수 있을지가 궁금하지, 우리 회사가 언제 설립됐고, 창업자 본인이 어떤 대학교를 졸업하고 직장 생활을 얼마나 했는지가 궁금하지는 않는다.

그리고 발표 자료 슬라이드 디자인이 깔끔한 팀에게 점수가 후하다. 여기서 말하는 깔끔한 디자인은 전문 디자이너의 손길을 거친 화려한 슬라이드를 의미하는 것이 아니라 수수하고 깔끔하게 군더더기 없는 PPT 디자인을 말한다.

그럼 5~10분이라는 짧은 시간 동안 상대방을 설득할 수 있는 나만의 비즈니스 모델 스토리를 어떻게 만들 수 있을까? 이에 대해서 구글 등으로 Sequoia Capital Pitching Deck, Airbnb Pitching Deck, Y-Combinator Pitching Deck 등 검색어로 검색해서 나오는 다양한 투자유치를 위한 피칭덱을 참조해도 좋고, 정 시간이 없다면 비즈니스 모델 캔버스를 펴놓고 우리 비즈니스 모델을 개별 블록별로 집어넣어서 생각을 정리하고 블록의 순서대로 피칭덱 스토리라인을 수립해도 효과적이다.

비즈니스 모델 캔버스에 대한 내용은 아래 포스팅 참조
https://acquiredentrepreneur.tistory.com/4

비즈니스 모델 캔버스 (Business Model Canvas)
1. 프레임워크 소개 스위스 로잔대학교 교수인 예스 피그누어(Yves Pigneur)와 그의 제자 알렉산더 오스터왈더(Alexander Osterwalder)가 창안한 비즈니스 모델 프

레임워크로 한 장의 캔버스에 비즈니스 모델의 핵심이다.

그리고 발표 자료 작성 시 추가로 고려할 점은 신청 자료에서 우리 사업과 관련 지표를 잘 정리했다면, 발표 자료에서는 해당 지표가 어떤 의미이며, 이 상승세가 어떤 관점에서 의미가 있는지, 그리고 향후 얼마만큼 성장할 것인지 또한 성장 여력이 얼마나 있는지 등을 발표한다. 심사위원들은 해당 사업모델에 대해 대략적으로 이해가 되면 견인 지표가 무엇이고, 얼마나 성장하고 있고, 이 성장세가 의미하는 바를 가장 중요시하기 때문이다.

발표평가 관련 참조사항을 정리하면
1) 나에게 주어진 발표 시간은 5~10분 내외이므로 설명이 아닌 설득을 한다.
2) 발표 자료 스토리라인은 심사위원들이 중요시하는 내용 중심으로 한다.
3) PPT 디자인에 과감하게 색을 넣지 말고 수수하고 깔끔하게 작성한다.

창업지원사업 신청을 준비하는 창업자들이 이 글을 읽고 사업계획서를 작성하고 발표하는데 도움이 되었으면 한다.

글을 마치며

2021년 4월은 너무나 잔혹한 달로 기억될 것이다. 중국 우한에서 시작된 코로나19 바이러스로 서민금융진흥원 금융강의가 하나둘 취소되더니 결국 창조경제혁신센터 원스톱 서비스존이 문을 닫으면서 창업 상담까지 어렵게 되었다.

스스로 안식년이라고 생각하고 한라생태숲을 산책하던 중에 이대로 가만히 있으면 코로나19 바이러스에 지는 꼴이 되겠다고 생각하여 그동안 네이버 블로그에 올려놓았던 글을 모아서 창업 예정자들을 위해 도움이 되는 책을 쓰기로 마음먹었다.

금융강의와 창업 멘토링, 경영 컨설팅은 지금까지 해왔던 일이라 어렵지 않았지만 책을 쓰는 일은 처음이라 막막하였다. 제주도서관에서 책쓰기 도서를 대여하여 여러 권 읽고, 인터넷 자료를 검색하고, 주위에서 책쓰기 경험을 보유하고 있는 전문가의 조언을 듣고 글쓰기를 시작했다. 다행히 서울에 있는 출판사를 알아보다가 제주의 바른프린팅의 주태영 대표와 면담하면서 적극적으로 도움을 주겠다는 말에 자신을 얻고 책 쓰기에 집중하게 되었다.

이 글을 읽는 예비창업자들의 마음도 그러하리라 생각한다. 처음에는 아이디어를 사업화하기가 막막하겠지만 이 책을 활용하여 사업계획서를 구체적으로 작성하고 주위의 멘토의 도움을 받아서 차근차근 계획을 실행해 나아가면 반드시 성공 창업에 이르게 되리라고 확신한다.

경영의 기본은 계획(plan)하고 실행하고(do) 되돌아보는(see) 과정이라고 한다.

이처럼 새로운 일을 하는데 계획이 매우 중요하다고 생각하며 계획이 잘 수립되면 그만큼 실패를 줄일 수 있고 기회비용을 줄일 수 있을 것으로 믿는다.

저의 지금까지의 중소기업은행에서의 근무 경험과 창업 컨설팅 경험으로 비추어서 보면 창업은 직장 생활에 비해서 3배 정도의 스트레스를 동반하고 있다고 생각한다.

또한 창업했다고 바로 성공으로 이어지는 경우는 드물고 일명 죽음의 계곡이라는 어려움이 기다리고 있다. 이를 슬기롭게 극복하고 성공 창업으로 나아가기 위해서는 사전에 철저하게 계획하고 준비하는 것이다.

부디 이 책을 통하여 많은 예비 창업자들이 사업 계획을 철저하게 수립하고 하나하나 실행하며 피드백을 통하여 앞으로 나아가기를 바란다.

끝으로 이 글을 마무리하도록 도와주신 바른프린팅 주태영대표와 소상공인 창업 지원 유관기관 여러분에게도 진심으로 감사드리며 창업예정자 여러분에게 하느님의 은총과 행운이 함께 하시길...

참고문헌

1. 2007년 론다 아브람스 하루 만에 끝내는 사업 계획서
2. 전 서울대 경영학 교수인 윤석철 교수의 간결함의 미덕
3. 컨설팅의 심리학 참고
4. 린스프린트의 김정수 대표 홈페이지
5. 창업진흥원 홈페이지
6. 중소벤처기업부 홈페이지
7. 기업마당 홈페이지

<참고: 중소기업 창업 지원법 발췌>

중소기업 창업 지원법 시행령

[시행 2020. 10. 8]

중소벤처기업부(창업생태계조성과) 042-481-1690
중소벤처기업부(투자회수관리과) 042-481-4422
중소벤처기업부(창업진흥정책관) 042-481-4384
중소벤처기업부(창업정책총괄과) 042-481-1685

제1장 총칙

제1조(목적) 이 영은 「중소기업창업 지원법」에서 위임된 사항과 그 시행에 필요한 사항을 규정함을 목적으로 한다.

제2조(창업의 범위) ①「중소기업창업 지원법」(이하 "법"이라 한다) 제2조제1호에 따른 창업은 중소기업을 새로 설립하여 사업을 개시하는 것으로서 다음 각 호의 어느 하나에 해당하지 않는 것을 말한다.

1. 타인으로부터 사업을 상속 또는 증여 받아 해당 사업과 같은 종류의 사업을 계속하는 것. 다만, 법인인 중소기업을 새로 설립하여 해당 사업과 같은 종류의 사업을 계속하는 경우는 제외한다.
2. 개인인 중소기업자가 기존 사업을 계속 영위하면서 중소기업(법인인 중소기업은 제외한다)을 새로 설립하여 사업을 개시하는 것
3. 개인인 중소기업자가 기존 사업을 폐업한 후 중소기업을 새로 설립하여 기존 사업과 같은 종류의 사업을 개시하는 것. 다만, 사업을 폐업한 날부터 3년(부도 또는 파산으로 폐업한 경우에는 2년을 말한다) 이상이 지난 후에 기존 사업과 같은 종류의 사업

을 개시하는 경우는 제외한다.

4. 개인인 중소기업자가 기존 사업을 계속 영위하면서 단독으로 또는 「중소기업기본법 시행령」 제2조제5호에 따른 친족과 합하여 의결권 있는 발행주식(출자지분을 포함한다. 이하 같다) 총수의 100분의 30 이상을 소유하거나 의결권 있는 발행주식 총수를 기준으로 가장 많은 주식의 지분을 소유하는 법인인 중소기업을 설립하여 기존 사업과 같은 종류의 사업을 개시하는 것
5. 법인인 중소기업자가 의결권 있는 발행주식 총수의 100분의 30 이상(해당 법인과 그 임원이 소유하고 있는 주식을 합산한다)을 소유하는 경우로서 의결권 있는 발행주식 총수를 기준으로 가장 많은 주식의 지분을 소유하는 다른 법인인 중소기업을 새로 설립하여 사업을 개시하는 것
6. 법인인 중소기업자가 조직변경 등 기업형태를 변경하여 변경 전의 사업과 같은 종류의 사업을 계속하는 것

②제1항 각 호에 따른 같은 종류의 사업의 범위는 「통계법」 제22조제1항에 따라 통계청장이 작성·고시하는 한국표준산업분류(이하 "한국표준산업분류"라 한다)상의 세세분류를 기준으로 한다. 이 경우 기존 업종에 다른 업종을 추가하여 사업을 하는 경우에는 추가된 업종의 매출액이 총 매출액의 100분의 50 미만인 경우에만 같은 종류의 사업을 계속하는 것으로 본다.

③제2항 후단에 따른 추가된 업종의 매출액 또는 총 매출액은 추가된 날이 속하는 분기의 다음 2분기 동안의 매출액 또는 총 매출액을 말한다.

제2조의2(재창업의 범위) 법 제2조제1호의2에 따른 재창업은 부도 또는 파산 등으로 중소기업을 폐업하고 중소기업을 새로 설립하는 것으로 한다.

제3조(사업의 개시일) 법 제2조제2호, 제2호의2 및 제2호의3에 따른 사업을 개시한 날은 각각 다음 각 호와 같다.

1. 창업자 또는 재창업자가 법인이면 법인설립등기일
2. 창업자 또는 재창업자가 개인이면 「부가가치세법」 제8조제1항에 따른 사업개시일. 다만, 법 제33조에 따른 사업계획의 승인을 받아 사업을 개시하는 경우에는 「부가가치세법」 제8조제1항에 따른 사업자등록일

제4조(창업에서 제외되는 업종) 법 제3조제1항 단서에 따른 업종은 다음 각 호의 어느 하나에 해당하는 업종으로 한다. 이 경우 업종의 분류는 한국표준산업분류를 기준으로 한다.

1. 일반유흥주점업
2. 무도유흥주점업
3. 기타 사행시설 관리 및 운영업
4. 제1호부터 제3호까지의 규정에 준하는 업종으로서 중소벤처기업부령으로 정하는 업종

제5조(창업지원계획의 수립 등) ①법 제4조제1항에 따른 중소기업 창업지원계획에는 다음 각 호의 사항이 포함되어야 한다.

1. 창업자의 지원에 관한 사항
2. 창업지원과 관련되는 기관·단체의 육성에 관한 사항
3. 「중소기업진흥에 관한 법률」 제63조에 따른 중소벤처기업창업 및 진흥기금에서 지원하는 중소기업 창업지원자금의 운용에 관한 사항
4. 그 밖에 창업지원을 위하여 필요한 사항

②법 제4조제2항에서 "대통령령으로 정하는 창업지원에 관한 사업을 하는 자"란 다음 각 호의 어느 하나에 해당하는 자를 말한다.

1. 법 제6조제1항에 따른 창업보육센터사업자
2. 법 제8조제1항에 따른 창업대학원
3. 「벤처투자 촉진에 관한 법률」 제2조제10호에 따른 중소기업창업투자회사(이하 "중소기업창업투자회사"라 한다)
4. 「벤처투자 촉진에 관한 법률」 제2조제11호에 따른 벤처투자조합
5. 중소기업상담회사
6. 법 제39조에 따른 창업진흥원(이하 "창업진흥원"이라 한다)
7. 그 밖에 창업강좌의 개최 또는 창업정보의 제공 등 창업지원사업을 하는 자로서 중소벤처기업부장관이 고시하는 기준을 갖춘 사업자

제5조의3(창업촉진사업) 법 제4조의2제1항제4호에서 "그 밖에 창업교육 및 창업 기반시설 확충 등 대통령령으로 정하는 사업"이란 다음 각 호의 사업을 말한다.
1. 예비창업자 대상 창업교육
2. 창업 관련 정보 제공
3. 창업 공간 지원
4. 시제품 제작 지원
5. 창업자의 판로 지원
6. 창업 관련 정보시스템의 운영

제5조의4(창업촉진사업 추진 시 우대 대상 예비청년창업자 등의 범위) 법 제4조의2제2항에서 "대통령령으로 정하는 예비청년창업자 또는 청년창업자"란 39세 이하의 예비창업자 또는 창업자를 말한다.

제5조의6(기술창업 활성화 지원 등 전담기관의 지정 등) ① 중소벤처기업부장관은 법 제4조의7제2항에 따라 다음 각 호의 어느 하나에 해당하는 기관을 같은 조 제1항의 시책의 수립·추진을 지원하는 각 지역별 전담기관(이하 "창조경제혁신센터"라 한다)으로 지정할 수 있다. 이 경우 중소벤처기업부장관은 해당 기관의 장 및 해당 기관이 소재하는 지역의 특별시장·광역시장·특별자치시장·도지사·특별자치도지사(이하 "시·도지사"라 한다)와 협의를 거쳐야 한다.

1. 「공공기관의 운영에 관한 법률」 제4조에 따른 공공기관, 기업을 회원으로 하는 협회·단체, 대학, 연구기관 등(이하 이 조에서 "공공기관등"이라 한다)에 소속되거나 부설된 기관
2. 제1호 외에 기술창업 활성화, 중소·벤처기업의 기술혁신 역량 강화 등을 목적으로 설립된 비영리법인

② 중소벤처기업부장관은 창조경제혁신센터가 다음 각 호의 어느 하나에 해당하면 그 지정을 해지할 수 있다. 다만, 제1호에 해당하면 그 지정을 해지해야 한다.

1. 거짓이나 그 밖에 부정한 방법으로 지정을 받은 때
2. 제1항에 따른 지정 요건에 맞지 않게 된 때
3. 법 제4조의7제3항에 따른 업무 수행이 어렵게 된 때
4. 스스로 지정의 해지를 원하는 때

제5조의7(창조경제혁신센터의 운영 등) ① 창조경제혁신센터의 장은 다음 각 호의 구분에 따라 선임한다.

1. 제5조의6제1항제1호의 기관이 창조경제혁신센터로 지정된 경우: 공공기관등의 장이 중소벤처기업부장관과의 협의를 거쳐 관련 분야의 전문지식과 경험이 풍부한 사람을 선임
2. 제5조의6제1항제2호의 비영리법인이 창조경제혁신센터로 지정된 경우: 비영리법인의 정관으로 정하는 바에 따라 선임

② 시·도지사는 창조경제혁신센터가 관할 내 유관기관과의 원활한 협력체계를 구축할 수 있도록 지원해야 하며, 관할 지역의 관련 정책의 수립 과정에 창조경제혁신센터를 참여시킬 수 있다.
③ 창조경제혁신센터의 장은 그 목적을 달성하기 위하여 필요한 경우에는 시·도지사 또는 공공기관등의 장에게 공무원 또는 공공기관등의 임직원의 파견을 요청할 수 있다. 이 경우 요청을 받은 시·도지사 또는 공공기관등의 장은 그 소속 공무원 또는 임직원을 창조경제혁신센터에 파견할 수 있다.
④ 정부와 지방자치단체는 제3항에 따라 창조경제혁신센터에 파견된 공무원 또는 공공기관등의 임직원에 대한 수당·여비를 지원할 수 있다.

제5조의8(창업기업제품의 구매목표) ① 공공기관의 장은 법 제5조의2제2항에 따라 창업기업제품 구매계획을 작성하는 경우에는 8퍼센트 이상의 구매목표를 포함시켜야 한다. 다만, 구매목표를 8퍼센트 이상으로 정하기 어려운 경우에는 중소벤처기업부장관과 협의하여 구매목표를 달리 정할 수 있다.
② 제1항에 따른 구매목표의 비율을 산정하는 경우 창업자가 판매목적의 물품포장, 상품성 유지를 위한 추가 작업 등 단순 가공을 한 제품을 구매하는 것은 창업기업제품을 구매하는 것으로 보지 않는다.

제6조(창업보육센터사업자의 지정) ①법 제6조제1항제2호에서 "그 밖에 대통령령으로 정하는 전문인력"이란 별표 1의 전문인력을 말한다.
②창업보육센터사업자의 지정을 받으려는 자는 지정신청서에 중소벤처기업부령으로 정하는 서류를 첨부하여 중소벤처기업부장관에게 제출하여야 한다. 지정받은 사항을 변경한 경우에도 또한 같다.

제7조의3(대학 내 창업지원 전담조직의 업무) 법 제7조의2제1항에 따른 창업지원업무를 전담하는 조직(이하 "창업지원 전담조직"이라 한다)은 다음 각 호의 업무를 수행한다.

1. 대학 내 창업지원업무의 총괄 기획·조정
2. 대학 내 도전정신, 창의력, 혁신역량 등(이하 "기업가정신"이라 한다) 및 창업 교육 제고
3. 창업자 발굴 및 사업화 지원
4. 대학 내 창업보육센터 등 창업지원기구 관리
5. 해당 대학 내 창업기업에 대한 투자, 인력, 기술, 판로 등에 대한 지원
6. 「벤처기업육성에 관한 특별조치법」 제2조제5항에 따른 실험실공장과 같은 조 제8항에 따른 신기술창업전문회사에 대한 자금 등 지원
7. 창업 수요 및 활동에 대한 정보의 수집·제공 및 홍보
8. 해당 대학 내 창업지원사업 관련 업무 담당자에 대한 교육 및 훈련
9. 대학 간 창업지원사업의 연계 및 조정

제8조의5(창업기업의 확인 절차 등) ① 중소벤처기업부장관은 법 제9조의4제1항에 따른 신청을 받으면 창업자에 해당하는지 여부를 확인하기 위하여 서면조사 및 현장조사를 실시할 수 있으며, 필요한 경우 해당 기업에 자료의 제출을 요구할 수 있다.

② 중소벤처기업부장관은 법 제9조의4제2항에 따라 창업자임을 확인한 때에는 해당 기업에 창업기업 확인서를 발급해야 한다.

③ 제2항에 따른 창업기업 확인서의 유효기간은 3년으로 한다.

④ 법 제9조의5제1항제1호에 해당하여 창업기업의 확인이 취소된

자는 취소된 날부터 1년이 경과할 때까지는 법 제9조의4제1항에 따른 창업자에 해당하는지 여부의 확인을 신청할 수 없다.
⑤ 제1항부터 제4항까지에서 규정한 사항 외에 창업기업의 확인에 필요한 구체적 사항은 중소벤처기업부장관이 정하여 고시한다.

제5장 창업 절차 등

제22조(사업계획의 승인) ①법 제33조제1항에 따라 사업계획의 승인을 받으려는 창업자는 사업계획승인신청서에 중소벤처기업부령으로 정하는 서류를 첨부하여 공장설립 예정지를 관할하는 시장·군수·구청장(자치구의 구청장을 말한다. 이하 같다)에게 제출하여야 한다. 사업계획의 변경승인을 받으려는 경우에도 또한 같다.
② 법 제33조제1항 후단에서 "대통령령으로 정하는 중요 사항"이란 다음 각 호의 어느 하나에 해당하는 사항을 말한다.
1. 사업자(법 제37조제1항제2호 단서에 따른 경우로 한정한다)
2. 업종(한국표준산업분류상의 세분류를 기준으로 한다)
3. 공장용지면적[법 제33조제1항에 따라 승인을 받은 공장용지면적보다 감소하거나 「산업집적활성화 및 공장설립에 관한 법률」 제8조제2호에 따른 기준공장면적률(이하 이 항에서 "기준공장면적률"이라 한다)에 적합한 범위에서 법 제33조제1항에 따라 승인을 받은 공장용지면적의 20퍼센트 이내로 증가하는 경우는 제외한다]
4. 공장건축면적(법 제33조제1항 전단에 따라 승인을 받은 공장건축면적의 20퍼센트의 범위에서 증가하거나 기준공장면적률에 적합한 범위에서 감소하는 경우는 제외한다)
5. 부대시설면적(기준공장면적률에 적합한 범위에서의 변경은 제외한다)

제24조(사업계획 승인에 관한 업무처리지침) ①법 제33조제4항에 따른 사업계획의 승인에 관한 업무처리지침에는 법 제35조에 따른 허가, 인가, 면허, 승인, 지정, 결정, 신고, 해제, 동의, 검사 또는 용도폐지 등에 관한 업무처리기준(이하 이 조에서 "인·허가등기준"이라 한다)이 포함되어야 한다.
②관계 행정기관의 장은 제1항에 따른 업무처리지침의 작성에 필요한 인·허가등기준을 중소벤처기업부장관에게 통보하여야 한다. 인·허가등기준을 변경한 경우에도 또한 같다.

제25조(사전 협의 절차) ①법 제34조제1항에 따라 사업계획의 승인 가능성 등에 관한 사전협의를 신청하려는 창업자는 그 신청서에 중소벤처기업부령으로 정하는 서류를 첨부하여 공장설립 예정지를 관할하는 시장·군수·구청장에게 제출하여야 한다.
②시장·군수·구청장은 제1항에 따른 사전협의 신청을 받은 날부터 7일 이내에 사업계획의 승인 가능성 등에 관하여 알려야 한다.

제26조(다른 행정기관과의 협의기간) 법 제35조제4항 전단에서 "대통령령으로 정하는 기간"이란 10일을 말한다.

제27조(사업계획 승인의 취소 등) ① 법 제37조제1항제1호에서 "사업계획의 승인을 받은 날부터 대통령령으로 정하는 기간"이란 사업계획의 승인을 받은 날부터 3년(법 제35조제1항제9호에 따라 농지의 전용허가 또는 농지의 전용신고가 의제된 경우에는 사업계획의 승인을 받은 날부터 2년)을, "공장착공 후 대통령령으로 정하는 기간"이란 공장착공 후 1년을 말한다.
②법 제37조제1항제4호에서 "대통령령으로 정하는 기간"이란 4년을 말한다.
③시장·군수·구청장은 법 제37조제1항에 따라 사업계획의 승인과 공장건축허가를 취소하려면 미리 일정한 기간을 정하여 해당

처분 대상자가 사업계획을 변경하거나 공장건축을 하도록 권고한 후 이에 응하지 아니한 경우에만 해당 처분을 하여야 한다.

제29조의2(부담금 면제의 절차 및 방법) ① 법 제39조의3제2항에 따라 부담금을 면제받으려는 창업자는 중소벤처기업부령으로 정하는 부담금 면제 신청서에 다음 각 호의 구분에 따른 서류를 첨부하여 주된 사무소의 소재지를 관할하는 시장·군수·구청장에게 부담금의 면제를 요청하여야 한다.

1. 개인사업자의 경우
   가. 업종 추가 후 2분기 동안의 매출신고서(업종을 추가한 경우로 한정한다)
   나. 그 밖에 시장·군수·구청장이 창업 여부를 확인하기 위하여 필요하다고 인정하는 서류
2. 법인의 경우
   가. 사업의 분리에 관한 계약서 및 창업일이 속한 달의 주식변동상황명세서(사업의 일부를 분리한 경우로 한정한다)
   나. 업종 추가 후 2분기 동안의 매출신고서(업종을 추가한 경우로 한정한다)
   다. 그 밖에 시장·군수·구청장이 창업 여부를 확인하기 위하여 필요하다고 인정하는 서류

② 제1항에 따라 부담금 면제 신청서를 제출받은 시장·군수·구청장은 「전자정부법」 제36조제1항에 따른 행정정보의 공동이용을 통하여 다음 각 호의 사항을 확인하여야 한다. 다만, 신청인이 제1호 사항의 확인에 동의하지 아니하는 경우에는 해당 서류의 사본을 첨부하도록 하여야 한다.

1. 사업자등록증
2. 법인 등기사항증명서(법인의 경우로 한정한다)

③ 시장·군수·구청장은 제1항에 따른 부담금의 면제 신청을 받은 날부터 14일 이내에 신청인에게 부담금 면제 여부를 알려야 한다.

④ 중소벤처기업부장관은 법 제39조의3에 따른 부담금 면제제도의 운영을 위하여 필요할 때에는 관계 행정기관의 장에게 부담금의 면제 실적 등 필요한 정보의 제공을 요청할 수 있다.

제29조의3(재택창업지원시스템의 처리 업무) 법 제39조의5제1항에 따른 정보통신망을 통하여 회사를 설립할 수 있는 시스템(이하 "재택창업지원시스템"이라 한다)으로 처리할 수 있는 업무는 다음 각 호와 같다.

1. 「상법」 및 「상업등기법」에 따른 회사 설립등기 업무
2. 「지방세법」에 따른 등록면허세 및 지방교육세 납부 업무
3. 「법인세법」 또는 「부가가치세법」에 따른 사업자등록 업무
4. 「국민연금법」에 따른 국민연금, 「국민건강보험법」에 따른 국민건강보험, 「고용보험법」에 따른 고용보험 및 「산업재해보상보험법」에 따른 산업재해보험 신고 업무

제6장 보칙

제32조의2(민감정보 및 고유식별정보의 처리) ① 중소벤처기업부장관(제32조에 따라 중소벤처기업부장관의 업무를 위탁받은 자를 포함한다)은 다음 각 호의 사무를 수행하기 위하여 불가피한 경우 「개인정보 보호법 시행령」 제19조에 따른 주민등록번호, 여권번호, 운전면허의 면허번호 또는 외국인등록번호가 포함된 자료를 처리할 수 있다.

1. 법 제4조의2제1항 각 호에 따른 창업촉진사업에 관한 사무

4. 법 제31조에 따른 중소기업상담회사의 등록에 관한 사무
5. 법 제39조의5에 따른 재택창업지원시스템의 운영에 관한 사무
② 중소벤처기업부장관(제32조에 따라 중소벤처기업부장관의 업무를 위탁받은 자를 포함한다)은 법 제4조의3에 따른 성실경영 평가 운영에 관한 사무를 수행하기 위해 불가피한 경우 「개인정보 보호법 시행령」 제18조제2호에 따른 범죄경력자료에 해당하는 정보와 같은 영 제19조에 따른 주민등록번호, 여권번호, 운전면허의 면허번호 또는 외국인등록번호가 포함된 자료를 처리할 수 있다.

제32조의3(규제의 재검토) 중소벤처기업부장관은 다음 각 호의 사항에 대하여 다음 각 호의 기준일을 기준으로 3년마다(매 3년이 되는 해의 기준일과 같은 날 전까지를 말한다) 그 타당성을 검토하여 개선 등의 조치를 하여야 한다.
1. 제6조 및 별표 1에 따른 창업보육센터사업자의 지정요건 및 지정신청 절차: 2014년 1월 1일
8. 제20조에 따른 중소기업상담회사의 등록요건: 2014년 1월 1일
9. 제27조에 따른 사업계획 승인취소 사유에 해당하는 기간 및 승인취소 절차: 2014년 1월 1일

부칙

제1조(시행일) 이 영은 2020년 10월 8일부터 시행한다.

제2조(창업자에 관한 경과조치) 이 영 시행 전에 종전의 규정에 따라 창업하여 사업을 개시한 창업자로서 제2조제1항 및 제2항의 개정규정에 따른 창업에 해당하지 않게 되는 자는 같은 개정규정에도 불구하고 종전의 규정에 따라 창업하여 사업을 개시한 날부터 7년이 지나지 않을 때까지는 창업자로 본다.